「欲望」のマーケティング

絞り込む、巻き込む、揺り動かす

山本由樹

ディスカヴァー
携書
086

はじめに

私は男性でありながら、これまで40代女性を中心にした月刊誌である『**STORY**』(ファッション誌)と『**美ST**』(ビューティー誌)2誌の編集長を(兼任の2年間を含め)、2005年から7年間務めてきました。

モノが売れない状況は出版社も例外ではなく、一般的に創刊誌はことごとく失敗し、「雑誌の時代は終わった」、そんな声さえ聞こえる中、これら2誌は幸運にも、同ジャンルにおいて、ともに最も売れ続けている雑誌です。

中でも2008年11月に創刊された『美ST』は、アラフォーをターゲットとしたビューティ誌として**「美魔女」ブーム**を生み、広くアンチエイジング市場を活性化するという新しいマーケットを切り拓きました。

新しいマーケットを見つけ、ブーム化できた理由は何か？

答えは**「欲望」**にあります。

まだ認知されていない、人々の欲望をマーケティングし、それをコンテンツ化、ブーム化できれば、そこには新たな消費が発生します。

この欲望は根源的であればあるほど、発生した消費は一般化し、さらにはそれが戦略的なマーケティングをともなうと、そこに新しいトレンドが生まれ、市場が生まれます。

こうして生まれたのが「美魔女」ブームです。

この過程では、実は雑誌メディア独自のメソッドが有効です。それは、

「絞り込む（ターゲティング）＋巻き込む（エンクロージング）＋揺り動かす（シェイキング）」

という3段階の働きかけ**（インフルーエンス）**です。
これは今まで編集者の経験や勘でしか語られなかったクリエイティブの要点を、私が理論化したものですが、情報0円時代にあって苦境に立たされる「雑誌」というペイドメディア（広告枠を販売する広告メディア）だからこそ生み出せたこのマーケティングメソッドを、私は**「欲望のマーケティング」**と呼んでいます。

美魔女が『美ST』といういち月刊誌の中のいちコンテンツに留まらなかったのは、この「欲望のマーケティング」を使って大きなトレンドを生み出せたからでしょう。

美魔女とは、40代を中心にした、「年齢を超越した若さと美しさ」を持つミドルエイジの女性たちのことで、2010年11月に開催された『第1回国民的美魔女コンテスト』で、一般女性2500人の中から選ばれた21人が、現在『TEAM美魔女』として活動しています。彼女たちは『美ST』誌面だけでなく、広くテレビや新聞、SNSに登場して一気に**「美魔女ブーム」**を巻き起こしました。

その後、2011年の第2回、2012年開催予定の第3回と回を重ねるごとに、美魔女を起用する企業は数を増しています。主に化粧品を中心に、下着や食品、エステティックサロン、保険などジャンルを超えて広くアンチエイジング関連の商品を取り込める存在であることから、まさに「アンチエイジングというライフスタイル」全般を象徴する存在が、美魔女というわけです。

先進国の中でもいち早く高齢化社会を迎えた日本では、アンチエイジング市場の伸びは堅調です。2011年は東日本大震災の影響を受け、市場規模は若干下がりましたが、2012年からは再び右肩上がりの傾向に復調しました。

コスメのアンチエイジング市場は約3100億円（2010年）と、10年間で150パーセントの伸びを示しています。また健康食品などのアンチエイジング市場は約7000億円（2011年）の規模があり、両方合わせると1兆円を超える大市場となります。

つまり、美魔女市場は約1兆円。

でもこれはまだごく一部で、ライフスタイル全般を網羅するには足りません。

ファッション業界や、ヘアケア、エステティック、美容医療など数え上げていけば累進的に市場規模は膨らんでいきます。伸び悩む既存のジャンルに「アンチエイジング」のトッピングをすると売れるようになる。なおかつアラフォー女性たちは購買意欲も購買力も高いので、多少割高であっても出費は惜しみません。そんな時代に、アンチエイジングの象徴として登場し、**新しい市場を顕在化させた存在が、私が生み出した「美魔女」**です。

この本では主に美魔女のマーケティング戦略を実例として取り上げながら、雑誌メディアのみならず、広く企業の顧客創造や商品企画にも有効な「欲望のマーケティング」について語っていきます。

モノが売れない時代だからこそ、本質的な欲望を知る。

その先にはきっとまだ見ぬ地平が続いているに違いありません。

2012年9月

山本 由樹

「欲望」のマーケティング　目次

PART1
本当の欲望を聞き出せているか?
~「言えない欲望」からブルーオーシャンを探し出す~

PART2

絞り込めているか？

～コンテンツのブランド化によるターゲティングメソッド～

PART3 巻き込めているか？
～ライフスタイルのブランド化によるエンクロージングメソッド～

PART4

揺るがせているか？

~マーケットをマネタイズするシェイキングメソッド~

PART1

本当の欲望を聞き出せているか？

～「言えない欲望」からブルーオーシャンを探し出す～

セックスレスという共通の悩み

「私は結婚してから10年になりますけど、夫とは一度もセックスしてないんです」

「えっ、一度も？」

職業柄、実にたくさんの女性の話を聞いてきました。

それは読者である場合も多いし、あえて読者ではない女性の話を聞くこともあります。

その女性は渋谷区在住で43歳の主婦、『美ST』の読者でした。夫は会社経営者で、経済的にはとても恵まれ、子どもも男の子がひとり。幸せを絵に描いたような暮らしぶりです。それなのに、彼女はそんな告白をするのです。

「結婚前には少しありましたけど、できちゃった婚をしてからは一度もないです」

原因は夫側にあるようでした。

妻を求めないのです。

悩んだ妻が訴えても夫は応じない。

もしかしてゲイなのかとも疑ってみたそうですが、そうではないと夫は言い張るばかり。

「すごく悩みました。夫に頼んで、ふたりでカウンセリングに行ったこともあります。夫は途中で怒って、帰ってしまいましたけど」

会社経営というストレスの高い仕事がよくないと思えば、夫を癒すためにアロマの資格も取りました。

「根がまじめなんでしょうか？　私に女としての魅力がないからなのかと、だんだんと自分を責めるようになりました」


彼女が出した結論は、**「恋人をつくる」**ことでした。

そのためにまず、美しさを取り戻すための「美活」をはじめようと、その時、手に取ったのが『美ST』だったのです。評判のコスメはすべて試し、美容皮膚科に通い、ベリーダンスを習いくびれも復活。そうして手に入れた実年齢より10歳は若く見える美しさで、年下の恋人をつくったのです。
罪悪感はまったくなく、それよりも、外で充実した「女としての幸せ」を得るようになってから、夫婦関係はよくなったと彼女は言います。
「私が夜遊びして帰ってこない日は、夫が早めに帰宅して子どもの面倒を見てくれます。子どもにとってはいいパパだし、私のことも何も詮索しません」

彼女は美魔女コンテストに応募しようかと考えています。
「もともと私は子どものころから自分に自信を持てなかった。だからこうして人に自分のことを語るなんて、とてもできませんでした。でも今は違います。この年齢になって初めて自信が持てたんだと思います。今の自分には人に伝えたいこともあるし、もっと何かできるんじゃないかと思っています」

40代の女性にとってセックスレスはとても大きな問題です。

2010年、『STORY』で、読者の性に関する調査を行い、読者と同年代の女性ライターたちが100人の読者に対面インタビュー（対面調査としたのは、より深い悩みまで語ってもらうためでした）したところ、独身者の多い編集部は驚きました。

セックスレス状態――ここではセックスのない状態が1カ月以上続いている夫婦をそう分類しました――が、**全体のおよそ7割**に達したのです。

妻たちの悩みは深いものでした。

「夫は30歳以上は女じゃないと思っている」
「3カ月どころか今世紀に入ってからずっとレスが続いている」
「面倒くさいから、もはやないほうがいい」
「夫には愛人がいるから、私も恋人をつくった」

普段語る場のない悩みが次から次に溢れてきます。

この調査が明らかにしたのは、美容にお金も時間も使って、年齢以上の若さを手に入れた妻たちが、**一番身近な異性である夫には、女として見られていないという悲しい現実**でした。

40歳からの10年間は、女性にとって更年期のはじまる年代でもあり、女性としての賞味期限が終わりつつある崖っぷち感がありながら、まだまだ若さも美しさも努力次第でキープすることができる年代でもあります。

若く美しくあろうと努力している妻たちは、ずっと「現役の女性」でありたいという欲望を持つ一方、その努力は夫の前では**無力**だったというわけです。

夫たちの妻への関心のなさにはひどいものがありました。

髪を切っても気づかないのは当たり前、中には美容整形で二重にしたり、胸を大きくしても気づかないという例もありました。

傍目には、こんなにきれいな奥さんなのになんで？　と疑問を抱くくらいの美人でも、長年連れ添った夫にとっては**「関心外」**なのです。

こんな例もありました。

ある49歳の女性はレスの夫が浮気していることを知っていつつ、それでも「家庭を壊さないなら全然気にしない」と夫を追及することもせず、長年泰然自若を装っていました。

しかしずっと不満が降り積もっていたのでしょう、ある時感情が爆発。激しく泣きながら離婚届を突き付ける妻に、夫は初めて彼女が苦しんでいたことを知って驚いたそうです。以来反省した夫は一切の浮気を止めて、毎日早い時間に家に帰ってくるようになりました。

夫側の苦しみもありました。

家庭内別居状態の48歳の男性は、自分のための夕飯がないので、毎晩外の居酒屋で飲んで時間を潰してから帰る毎日。浮気をしているわけではないものの、妻とのセックスレス歴はすでに10年以上で、暇にあかせて最近はＡＫＢ48に凝り、全メンバーの名前も覚えてしまったほどでした。

レスになってしまった原因ははっきりしています。

今思えばごく小さな諍いでした。

それでもその小さな行き違いを修正することなく今に至ってしまい、振り返るとふたりの距離は縮められないほど隔たってしまったのです。

男性は目に涙を浮かべながら私にこう言いました。「どうしてこうなっちゃったのかなあって思うんですよね……」

ずっと一緒に暮らしていても、言葉に出さなければわからないことはたくさんあります。夫婦のセックスレスの大きな原因のひとつは、この**「小さなディスコミュニケーションの積み重ね」**にあるのかもしれません。元々、好きで愛し合って結婚したふたりですから、何かのきっかけで元に戻ることもできるはずです。

しかし、そのきっかけとは？

先の調査の結果、セックスレスが7割と書きましたが、この大多数が抱える問題について、編集部でディスカッションしたことがありました。

結論ははっきりしています。

「夫婦はやらないよりやったほうがいい」、です。

でもそのためのソリューションは？　となると、とたんに議論が止まってしまいます。

「夫婦ふたりの時間をつくる」

「やれない人にやったほうがいいって言っても無理」

「妻が外に恋人をつくればいいんじゃないの」

「雑誌が不倫を奨励するのはどうなの？」

結局このセックスレス調査の記事に解決方法は掲載できず、私の前には「セックスレスという巨大な悩み」が、解決すべき課題として残ってしまいました。

数字から、新しいマーケットは見つからない

私は人の話を聞くのが好きです。

ふとしたひと言に、その人の本質が感じられるからです。

私が読者調査をするのは、その **「黄金のひと言」** を探しているからに他ならず、冒頭でセックスレスを語った43歳主婦のひと言は、まさに黄金のひと言でしたが、それは客観的

な市場調査ではなかなか聞き取れない部分だったりします。

マーケティングの世界では母集団の数を誇るような市場調査が相変わらず中心的役割を果たしているように思えますが、そろそろその曖昧さに気づくべきではないでしょうか。

年収とか可処分所得とか、妻や母という属性だけで何がわかるというのでしょう。

例えばF1、F2という分け方も、F1層が20歳〜34歳、F2層は35歳〜49歳と、1カテゴリーに15歳もの幅があります。


雑誌をつくっているとよくわかるのですが、**世代の感性は5歳刻み**で変わってきます。**35歳〜39歳までと40歳〜44歳までとでは、まったく違う人種**と言っていいほどです。

よくアラフォーとかアラフィフとか言ったりしますが、アラフォーは35歳〜44歳、アラフィフは45歳〜54歳と、ここでも10歳の開きがあります。

私もつくっている雑誌が「アラフォー雑誌」と呼ばれることに違和感を感じながらも、いちいち訂正するのが面倒くさくてそのままにしてしまっていましたが、やはり35歳と44歳を同じジャンルにくくるには無理があると思っています。

もちろん最先端のマーケティング手法は、より人間の感性の部分を数値化することに優れているかもしれませんし、ディープインタビューという個人の内面に焦点を当てる手法も知られていますが、個人の深い部分を聞きとることは、誰にでもできることではありません。聞きとる側の聞き出す能力が問われるからです。

冒頭に述べましたが、**人間を突き動かすのは「欲望」**です。その欲望を聞きとらない限り、その人の本質は理解できません。

私は**「言えない欲望」**にこそ、その人の本当の姿があると思っています。

そして顕在化されていない個人の欲望がその他大多数の「潜在的な欲望」を代弁するとき、そこには新しいマーケットが生まれると思っています。

それに気づかせてくれるひと言こそが、私が求めている黄金のひと言です。

『美ST』創刊以前のことです。『STORY』の編集長をしていた私は、**45歳以上の読者離れの問題**に頭を悩ませていました。そこで、ジャスト45歳の読者3人にグループインタビューをしたことがありました。

その時、成城在住の専業主婦の方がこんなことを言いました。

「最近はファッションより美容にかけるお金が増えてきました」

当時『STORY』は、より流行に近いファッションの方が、読者が若返れるという判断で、表紙モデルを若返らせ、ファッションも実際の読者年齢より下げていたのですが、狙いに反し、彼女は「ファッションを若くすると顔の老いが逆に悪目立ちするような気がする」と言って「美容にお金をかける」と言うのです。


このひと言が「黄金のひと言」でした。


ファッションで若返らせることばかり考えていた私に、「ファッションでは若返れない」と彼女は言うのです。

このひと言から得た私の認識はこうです。

「45歳から若くなりたいと思ったら、ファッションよりも美容なんだ」と。そしてビューティー誌創刊のコンセプトが生まれたのです。

ファッション誌の編集長だった私には、ビューティー誌のジャンルは未体験です。市場は『VOCE』、『MAQUIA』、『美的』という既存ビューティ3誌が独占しており、3誌ともに20代～30代をターゲットとしていましたが、うち2誌が上の世代をターゲットとした増刊号を出していました。ところが調べてみると、売れ行きはあまり芳しくありませんでした。

この調査データだけを見ると、「ビューティー誌は20代～30代のもので、40代の市場はない」と判断をするのが普通だと思います。

でも私は逆に成功を確信しました。

なぜならすでに出ていた2誌の増刊号が、「老い」をテーマに取り上げていなかったからです。

成城在住45歳主婦のひと言には、「若返り」という**「欲望」**が語られています。美容における若返りとは、おおざっぱに言うと、シミ、しわ、たるみという肌そのものの老化をどう克服するかということです。にもかかわらず、２誌の増刊号はラグジュアリーなコスメばかりを取り上げていて、**リアルな悩みや欲望に応えていなかった**のです。

私は『ＳＴＯＲＹ』の編集部員に次のような指示を出しました。

「40代をターゲットにした美容のプラン会議をやります。テーマは脱更年期。更年期を若く美しく乗り越えるためのプランを考えてきてください」

たったこれだけの指示だったのに、１週間後のプラン会議には素晴らしいプランが１００本以上集まりました。プランを出した同年代のライターたちにも、テーマが切実な問題として訴えたのでしょう。これならいつでも月刊誌を創刊できるほどだったのです。

そして２００８年11月に創刊されたのが『美ＳＴ（創刊当時は『美ＳＴＯＲＹ』）』です。

創刊号の大特集のタイトルは、「45歳がほんとのお肌の曲がり角」。

「ファッションだけでは若返れない」と感じていた40代の読者たちにリアルに訴えかけ、あっという間に完売しました。

すべてはあの「黄金のひと言」のおかげでした。

このひと言に出合えたおかげで、私は他に読者調査をする必要もなく、たった1回のインタビューだけで、40代アンチエイジングという新市場の開拓ができたのです。

数値化されたマーケティングの持つ説得力を否定する気はありません。

ただそれでも**市場を変える情報は、量より質**なのだと、「黄金のひと言」は教えてくれます。

欲望を探し出す

私は女性誌の編集をずっと続けているので、女性と仕事をする機会がとても多いのですが、読者調査ではない通常のビジネスで出会った女性との会話からも、学ぶことが多くあります。

私はよくこんな質問をされます。

「山本さんはどうやって人にも言えないことを聞き出すんですか？」

そんな時、私はこう答えます。

「特別なことはしていません。話せないけど話して楽になりたいことってありますよね。私はそれを感じ取って、話しやすい関係をつくるだけなんです」

家族や友人には言えないまま、ずっと自分の中に秘密を閉じ込めておくのは苦しいものです。話しやすい心理状態に導いていく、つまり「この人になら話してもいい」と思わせるだけの関係を築くということです。しかも短時間に。

インタビューは駆け引きです。どう本音を引き出すかは相手との関係構築にかかっています。

関係構築のためのキーワードは次の3つです。

①共感
②共有
③告白

【共感】

これは聞き上手であることです。**「うんうん（わかる）」**とか**「そうそう（絶対そうだよね）」**など「魔法の合いの手」を入れながら、話を聞きます。魔法の合いの手をうまく使うと、相手は次第に胸襟を開いてくれます。共感は「全面肯定」によって得られるものですから、「おうむ返しの術」も有効です。たとえばこんな感じです。

相手「……て、あり得ないと思うんですよ」
自分「あり得ない、絶対あり得ない」
相手「……ホントにひどいんです」
自分「ホントにひどいねえ、信じられない」

単純に相手の意見をおうむ返しするだけですが、ちょっとだけ強調して返すと、より深い共感を得られたことに相手は心を開きます。

常にうなずきながら相手の目線を見たり、時に身を乗り出したり、姿勢で関心の高さを示すと、次第に相手は話すことが楽しくなる。これが第1段階です。

【共有】

言いにくいようなことを告白されると、秘密の共有関係が生まれ、人は心を開きやすくなるものです。このとき**相手よりも先に聞き手自らが自分の内面を語る**と、相手が次に告白しやすい雰囲気をつくることができます。

そのため、自分が告白するためのエピソードをいくつか持っておくと便利です。

私の場合、自分のダイエット失敗談や人に言えない恋愛経験など、テーマに合わせてすぐに出せる告白エピソードをいくつもストックしてあります。

これが第2段階です。

【告白】

これは文字通り相手に告白してもらうことです。

告白は「人には言いにくい」内容だったりするので、衝撃の告白であることもあります。でも肝要なのは、**告白がはじまったら必要以上に「驚かないこと」**と**「意見を言わないこと」**です。相手が心の奥に隠していたことを話しているのは、「この人なら共感してくれるかもしれない」という信頼関係に他ならず、驚いたり意見されたりすることは望んでいないからです。ここでも共感や共有をしながら、会話を盛り立てます。

でも告白させるのは、そんなに簡単ではないのも事実です。

私は相手が告白するだけの心理状態になったか、心の潮目を読んでいるようなところがあります。それをどう読みとるのかは、なかなかマニュアル化できない部分です。

言葉の端々に感じるニュアンスだったり、ノンバーバルな視線の動きや仕草だったりで、相手は「話してもいい」というサインを送っています。

そのサインを感じ取ったら、背中を押してあげます。唐突にドンッと強い言葉で、相手の「告白したいこと」を代弁してしまうのです。

「こんなにがんばってキレイになったら、本当はもっと愛されたいよね」

たとえばこんな風にちょっと言いにくいことをサラッと、当たり前のように。

相手がうなずけば告白のはじまりです。

私にテクニックがあるとすれば、心の鍵を開けるこのひと押しの部分です。

ちなみに私がこうしたインタビューができるようになったのは、16年間の女性週刊誌での経験があったからです。女性週刊誌は主にスターや有名人の私生活を記事にすることでなりたっていますが、言いたくないことを話させることほど難しいインタビューはありません。

なかなかいい話が聞き出せずに困っていた時、あるベテランライターがこんなことを教えてくれました。

「**こいつはバカだと思われれば勝ち**ですよ。わからないなら教えてやろうかってことになりますから。自分より偉そうだったり頭がよさそうな奴には、親切にしてくれませんから」

相手の目線よりも低いところに自分を置く、ということ。

そのライターから気づかされたこの方法は、先に挙げた「共感」「共有」のプロセスにおいても強力な武器になりました。

「お前はバカな奴だな〜」と上から目線の共感・共有関係が生まれると、相手も心を開きやすくなるということです。

でもこれがなかなか難しい。

バカになるって実は簡単ではないからです。

そのベテランライターは合いの手の入れ方が絶妙でした。たとえばこんな感じです。

「へえー、そうなんですか！」

「ぜんぜん知らなかったなあー、勉強になります」

ことさら大げさに聞こえるほど、自らの無知を強調し、ホントは知っていても、そんなのおくびにも出しません。ただそれで終わらないのです。やはり唐突に、ちらりとナイフを覗かせるような鋭い質問が投げかけられるのです。バカに見えてもそれで終わらない、そんな部分がとても大切です。

このライターは皇室関係者など超大物のスクープを取ってくることで有名でしたが、彼からは**自分を低く見せること**と**駆け引きの重要さ**を学びました。マーケティング関係者でインタビューをするような人は、参考にするべきポイントだと思います。

「美魔女」というコンテンツの裏テーマとは？

「最近、もっと自分の本能に従って生きてもいいんじゃないかと思うようになりました」

審美歯科医院を経営する夫をサポートする、ネイビーのアンサンブルを品よく着こなす美しい女性（40歳）の口から、その言葉は発せられました。

「土日になると夫はゴルフや学会という名目で遊びに出て家にいません。同じ職場にいてもすれ違い夫婦です」

「女子会での話題で一番盛り上がるのは**新しくできた恋人の話**ばかり。私は人の話を聞いているばかりですが、みんなの生き生きした様子を見ると、**家庭を壊さない程度の不倫ならありなんじゃないか**という気がするんです」

もう一度女としての幸福を実感したい、という妻たちの切実な欲望に答えるソリューションとは何か？

せっかく聞き出した根源的な欲望も、その取り扱いを間違えると無意味になります。

実はその結果生まれたのが「美魔女」というコンテンツでした。

ここで「美魔女」について説明をしておきましょう。

美魔女とは『美ST』（当時は『美STORY』）から生まれた流行語です。私がこの言葉を発想したのは、記事の構成を決めるために撮影してきた写真を並べてチェックしていた時です。

「この年齢でこの若さって、魔法を使ってるとしか思えないよな。美しい魔女だから、美魔女って呼ぼう」

私の中では実に単純な発想でした。「年齢を超越した女性」を美魔女と呼ぶことで、読者との間のスペシャルなコンテンツにしようと思ったのです。その後しばらくこの言葉は誌面で使われていたのですが、後藤久美子さんを発掘した「国民的美少女コンテスト」を主催するプロダクションの方と天ぷらを食べている時に、こんなダジャレを思いつきました。

「国民的美少女コンテストの「少」を「魔」に変えるだけで、一気に年齢が30歳上がっちゃいますね、たったひと文字なのにすごい違い」
冗談のつもりで言ったのに、妙に私には魅力的な企画に思えました。

国民的美魔女コンテスト。

実現したら40代女性の美を社会的に認知させることができるかもしれない。
国民的なアイドルはみんな10代や20代そこそこの若い女性ばかりで、そもそも日本の文化がチャイルディッシュ過ぎることに、40代の雑誌を編集する私は不満を抱いていました。成熟した美が憧れの対象になるフランスでは、60代後半のカトリーヌ・ドヌーブや、40代のソフィー・マルソーが、好きな女性ランキングの上位争いをしています。
日本でも美魔女という価値観を普及させることで、フランスのように成熟した女性の美しさを認知させることができるのではないか。

コンセプトはこうです。

①女性の平均余命は86歳。ちょうど人生の中間地点で、美は頂点に達する。
②この年代で美しくあるためには、持って生まれた美しさよりも、日々の努力や積み重ねてきた経験が内面から輝くことが大事。
③若さよりも輝く美しさがある。だからコンテストの応募資格に年齢の下限は設けても、上限は設けない。

さっそく、国民的美少女コンテストを主催するオスカープロモーションの古賀社長に会い、名称使用の許可を得ました。社長はこう言いました。

「その人たちの娘の方が期待できるかもしれないな」

確かに、美しいママより娘に期待する気持もわかります。この段階では、このコンテストが本当に「国民的」反響を呼ぶとは誰も想像していなかったのですから。

でもこれで晴れて「国民的美魔女コンテスト」の名称が使えます。

その後の反響については後述しますが、第1回から**予想をはるかに超える反響**がありました。これもこのコンテストのコンセプトが際立っていたからでしょう。

ところでこの美魔女コンテストには裏テーマがありました。

それは**「人妻再評価コンテスト」とも言うべきテーマ**です。

コンテスト形式のいいところは、男女も年齢も区別なく開かれているところ、つまり美魔女に対する男性の認知を上げることができることでした。

前述したセックスレスの悩みは、夫が妻を「女」として見ていないことに原因がありました。日常の中で生活感にまみれていると、そう見られなくなる夫たちの気持ちもわかります。

でも、美しくなった妻が、外の世界で美しいと再評価されたら?

きっと夫たちは妻の美しさを再認識して、妻の元にもどってくるのではないか?

顔も知らないほかの男たちにちやほやされているんですから、心配にもなるでしょう。

そんな「夫婦復活」のシミュレーションを、私は思い描いたのです。

効果は劇的でした。

ある46歳の美魔女がこんなことを言っていました。

「美魔女コンテストに応募するまで夫とはずっと何もありませんでした。私も結婚以来20年以上家庭に入っていたので、子育てに追われ自分に自信もなくなっていたし。でも、勇気を出してコンテストに応募して、美しくなる努力をしたら、夫が心配になったらしく急に干渉してくるようになったんです。今では週に2回くらいはするようになりました。まるで新婚のころに戻ったようです」

美魔女という発想がコンテストに参加した女性たちだけでなく、広く一般の女性たちにも普及していったら……。アラフォーを中心としたミドルエイジの女性の美を底上げできる。そしてその先に、一般女性たちのセックスレスの問題も解消されるかもしれない……。

言葉は不思議な力を持っています。

その言葉を口にすることで魔力が広がっていくからです。

「美魔女」という言葉が生み出したものは、単なる「美しい中年女性」という新しい価値

観の認知だけでなく、それにともなう様々な消費や社会現象など、ライフスタイルの変容を巻き起こす、新しいマーケットを連れてきたのです。

ここまでの話を整理しましょう。

まず大事なのは「言えない欲望」を認知すること。そのためには「黄金のひと言」を聞き取る必要があること。そして掘り起こした「根源的な欲望」から、もっと大きな母集団の「言語化されない欲望」を掘り起こすこと。そしてその欲望はどうしたら解決できるか？　ソリューションとしてのブランディングが、新たなプロダクト（この場合は「美魔女」というコンテンツ）を生み、ライフスタイルを変えるということ。

これが私の考える「欲望のマーケティング」です。

ここからはこの**「欲望のマーケティング」**のプロセスを追いながら、どうしたら画期的なプロダクトを生み出すことができるかについて触れていきます。

ポイントは**「絞り込む（ターゲティング）＋巻き込む（エンクロージング）＋揺り動かす（シェイキング）」**という3段階の働きかけ（インフルーエンス）です。

PART2

絞り込めているか？

~コンテンツのブランド化によるターゲティングメソッド~

誰にでも売ろうとしていないか？

メディアの環境はインターネットの登場によって激変しています。

インターネットが個人と個人をつなぐことで、マスメディア以上の力を持つに至り、旧メディアと呼ばれる新聞、テレビ、ラジオ、雑誌の影響力は小さくなりつつあります。

中でも新聞と雑誌は「有料メディア」であるため、情報0円が基本のネットメディアの前ではひときわ厳しい闘いを強いられているのが現状です。

新聞と雑誌を比べると、雑誌の苦境はよりはっきりしています。

新聞は月極めの宅配です。有料とはいえ、毎朝毎夕自動的に運ばれてくる新聞に、支出の意識は希薄です。

一方、雑誌は自宅まで届きません。書店やコンビニに行って自分で探して、手に取ってレジに持って行きお金を払うという、いくつものハードルを越えて初めて1冊売れるのです。さらには、読者だからといって毎月買ってくれるわけではありません。内容やその時の読者のお財布の中身によっては購買を控えることも普通ですし、雨が降ったり風が吹いたりするだけで売上は落ちてしまいます。震災後の売れ行きの不振は、いまだにその影響を引きずっているほどですし、しばらく買わなくなると必要を感じなくなっても不思議ではないということだと思います。

つまり**別になくてもいいメディア、それが雑誌**なのです。雑誌はメディアの中で一番厳しい環境に存在していると言っても過言ではないでしょう。

雑誌は連日のように新製品が投入される発泡酒などと同じように、いかに消費者に選ばれるかという競争にさらされています。いわば**メディアというよりも消費財**としての環境に身を置いているのです。しかも、同一ジャンルに投入されている雑誌の種類は、おそらく発泡酒の比ではありません。

たとえば20代の女性月刊誌が何誌あるか検索してみると、なんと80誌以上！　私もこの結果には驚きましたが、勝間和代さんがよくおっしゃるところの、まさに**血で血を洗う**

「レッドオーシャン」状態です。なおかつ、インターネットの普及によって市場規模は縮小するばかり。14年連続で雑誌の販売額は減少しています。

どこにも「ブルーオーシャン」なんてない市場、それが雑誌の世界です。**だからこそここで勝ち残るためのマーケット開拓は、過当競争と戦わなければならないあらゆる業態に応用できます。**

もしあなたが今の仕事で、新しいマーケットの開拓を考えているとしたら、まずはじめにひとつ質問させてください。

あなたは誰にでも売ろうと考えてませんか？

答えがYESなら血の海に沈んでしまうでしょう。

もちろんお客様は神様ですから、「買ってくれるのなら誰でもウェルカム」です。でも、誰にでも売ろうとすることは、よく言われていることですが、プロダクトの個性を埋没させてしまいます。

万人に受けるものなどありません。結果としてより多くの人たちに支持されるものはあったとしても、初めから万人受けを狙っても成功は望めないのです。

もっと売りたいという欲が、ブランディングの一番の敵。

ビジネスを成功させるためには、まずターゲットを絞り込む必要があるのです。

実に初歩的なアドバイスですが、これが実は一番難しいのではないでしょうか。

私も実は何度もここで失敗をしてきました。

商品（私の場合は雑誌）に自信があればあるほど、顧客（読者）をもっと増やそうとしてしまい、結果的に元の顧客も失うという失敗に終わりがちです。

拡散は個性の喪失という危険と背中合わせです。

レッドオーシャンで生き残るには**「選ばれる商品」**より**「選ばせる商品」**にならなければなりません。なぜなら「選ばれる商品」は、最終的には価格競争になってしまうからです。

たとえばカレールーを買いに行ったらAという商品とBという商品があった。どちらも同じように見えて差別化できていない場合、たいていの結論は、1円でも安い方を選ぶ、でしょう。つくり手側からすると、明らかに差別化できていると思っているかもしれませんが、消費者サイドから見ると、意外と大差なく見えるものです。

我々の雑誌の世界も同じです。ライバル同士はなぜこうも同じ顔をしているのでしょう。ずっと雑誌編集に携わっている私でさえ、見分けがつかないほどです。編集者たちは、「うちの雑誌が一番」と自信を持っているのにです。

私が初めて配属された編集部は『女性自身』という女性週刊誌でした。

女性週刊誌なんて読んだこともない新人編集者には、ライバルの『女性セブン』も『週刊女性』もタイトルも含めてあまりに似ているのが不思議で仕方ありませんでした。しかし数年もすると、「うちの雑誌は一番」と当然のように思う自分がいました。木を見て森を見なくなっていたのです。ライバルとの微差は、虫の目の編集者には巨大に見えてしまったのでしょう。

「選ばせる商品」は、明確な差別化ができています。

消費者は数多くの類似商品の中から、その商品を目指して買いにきます。そんな消費者に積極的に「選ばせる」魅力は、どこにあるのでしょうか？

それは差別化されたスペシャルな何か **（サムシング・スペシャル）** です。

雑誌の世界で言えば、付録かもしれません。

宝島社が先鞭を付けた付録戦略は、今や出版界に定着した感があります。

時には雑誌本体よりも付録の価格の方が高いことさえあり、雑誌を売っているのか付録を売っているのか理解に苦しむこともあります。600円くらいの雑誌に3000円のシートマスク（美容用のパック）が付いたある美容誌は、ひとりで何冊も購入する人が続出し、買ってもその場で付録だけはぎ取って、雑誌本体は捨てていく読者に書店が泣いたとか。付録ブームの絶頂時にはそんなエピソードさえありました。

私は付録戦略に否定的な立場を取っていません。差別化されたスペシャルな何かとしての付録は、とても強力な付加価値だと思うからです。ただ、これだけ付録が当たり前になってくると、よほど特別な付録じゃないと差別化できない状況に陥り、付録商法自体がレッドオーシャン化して、付録の良し悪しで「選ばれる商品」になってしまっているとしたら、本末転倒だと思うのです。

私が創刊した『美ST』という雑誌は、ライバル誌に比べて商品力で劣っている部分がありました。たとえば『美ST』の800円という定価は、ライバル誌の500円〜600円という価格設定に比べると、明らかに不利です。また『美ST』は創刊から一度もバッグやコスメなどの付録を付けたことがありませんでした。ライバル誌が毎号のように2つも3つも付録を付けているのに、これは明らかに負けています。

500円で付録2つ付き VS. 800円で付録なし

こう比べると勝負は明らかなように思えます。

しかし『美ST』は2009年8月に月刊化されると、たちまち実売部数でトップに躍り出たのです。価格も高い、付録もない雑誌がなぜ勝てたのでしょう？

それこそが「選ばせる商品のサムシング・スペシャル」です。

ターゲットを絞り込む

『美ST』が「選ばせる商品」になれたのは、他にはないターゲティングができていたからです。対象とする読者を**絞り込む**ことで、他のライバル誌とは換えのきかないオンリーワンな存在になれたのです。

まずターゲットとしたのは45歳を中心とする女性たちでした。

先に雑誌の市場は超「レッドオーシャン」だと述べました。それでもよく見ると、ところどころに「空白地帯」があります。40代の美容誌というジャンルは、まさにその「空白地帯」だったのです。

もちろん先行したいくつかの雑誌が成功していなかったので、「市場はない」という判断をするのが常識的だったかもしれません。でも私はあの「黄金のひと言」によって、ここにリアルな需要があることを知っていたので、「必ず売れる」確信がありました。

「空白地帯」とは「レッドオーシャン」の中の「ブルーオーシャン」とでも言うべき市場です。真っ赤な海のところどころに、水の汚れていない青い海がある。魚がいなければ永遠の空白地帯ですが、魚影が確認できれば「ブルーオーシャン」です。

ニッチと似ていますが、ちょっと違います。趣味や嗜好などの小さな違いではなく、本質的な違いに基づく新しい市場です。そこには継続的で成長性のあるマーケットが存在します。

釣り糸を垂れる場所が決まったら、後はどう釣るかです。

まずはその海を泳ぐ魚が、どんな特性を持つかを知る必要があります。

私は『美ST』創刊にあたり、どんな所に住んで年収はいくら……などのプロフィールに関する調査はしませんでした。その代わりに「45歳の女性なら必ず感じている加齢にともなう悩み」については、現場の編集やライターたちとともに徹底的にリサーチを繰り返しました。

これによって、たとえばシミ・しわ・たるみが「女性の3大悩み」であることがわかりました。そこで**「SST」**という造語（**シミ・しわ・たるみ**の頭文字を組み合わせたもの）をつくり、この造語によって、もっとカジュアルな感覚で女性の加齢について語れるベースをつくりました。また「SSTコスメ大賞」という賞をつくり、市場に流通する「女性の3大悩み」に効くコスメの表彰もはじめました。

SSTという言葉は最近、認知も高まり、今では当たり前のように「最近SSTがさー」という会話を耳にすることも多くなりました。

更年期にともなう様々な悩み（不定愁訴と言います）が、美容に影響することもわかりました。プレ更年期から更年期、ポスト更年期まで長ければ20年以上、女性は体の変化と向き合わなければなりません。そこで**アラ更（アラウンド更年期の略です）**という言葉もつくり、更年期対策の認知をはかりました。

実は更年期という言葉については、ちょっとした思い入れがあります。

私が『STORY』の創刊に副編集長として参加したとき、いくつかの連載を担当しました。その中のひとつに「更年期のクスリ」という企画がありました。すでに更年期を終えた有名人が、自らの体験を語るというページです。

当時「更年期」という言葉は、あまりいいイメージではありませんでした。他の女性誌は「メノポーズ」など他の言葉に置き換えていましたが、私はあえて隠さずに「更年期」と表記しました。女性が堂々と「私は更年期だから」と言えるような世の中にしたいと思ったからです。

しかしながら当時はインタビューを依頼しても「更年期はマイナスイメージだから」と断られることが度々でした。そのため連載開始当初は、キャスティングに本当に苦労しました。

時を経て創刊10年を迎えた現在では、積極的に取材を受けてくれる方がとても多くなり、現場の苦労は半減しました。10年の歳月が「更年期」という言葉に市民権を与えたのです。その一端にちょっとだけ貢献できたかもと、私は密かに誇っています。

このように絞り込んだターゲットにしっかりと刺さるコンテンツがあるかどうかも、新しいマーケットをつくるとき、とても重要になってきます。

メッセージは刺さっているか？

話を元に戻しましょう。

もうひとつするべきことがあります。

他にはないメッセージの構築です。

『美ST』で言えば、このオリジナルのメッセージが、「選ばせる商品」にしていると言っても過言ではありません。

メッセージとは、新しいライフスタイルの提案かつ、新しい価値観の提示でなければなりません。今までの生活にはない、強く輝く何かでなければなりません。

そのメッセージが絞り込んだターゲットに刺さった時に、価値観が揺れ動き新しいライフスタイルが生まれます。

私がメッセージの重要性を強く意識したのは、『STORY』の創刊に携わった時でした。『STORY』の創刊メッセージは、こんなフレーズでした。

「外に出なければキレイになれない」

当時の40代主婦は20代で結婚以来、ずっと家庭に閉じこもっていました。その女性たちをもう一度キレイにして、輝かそうという雑誌が『STORY』だったのです。

このメッセージの肝は、「外に出なければ」という部分です。外に出るために必要なのは、「オシャレなファッション」と「外に出る理由」です。「外に出る理由」はランチばかりじゃ長続きしませんから、趣味の習いごとをはじめたり、仕事を見つけたりする必要があります。ここに新しいライフスタイルの提案があったのです。

『STORY』が生んだ「新しい40代」が続々と街に繰り出すようになり、彼女たちに欠かせない雑誌となった時、『STORY』は「選ばせる商品」となりえました。

同じように『美ST』が提案したメッセージはこうでした。

「40代を本当に美しくするのは、衣食住より美食習」

このメッセージの肝は**「美食習」**という言葉です。

「美」とは、スキンケアやメークなど「肌に直接働きかけるビューティー」のこと。
「食」とは、内側から美しくなる食事やサプリメントなどの「インナービューティー」。
「習」とは、エクササイズやマッサージ、サロンでの施術など「美しくなる習慣」のことです。

つまり「美食習」というメッセージは美しくなるために24時間できること、すべてのライフスタイル提案です。

『美ST』が提案する新しいライフスタイルに共感し、憧れてくれた読者は、毎月発売日になると書店で『美ST』を買ってくれるようになりました。値段が高くても、付録が付いていなくても、この雑誌を買わなければはじまらない理想の生活があるからです。

スペシャルな何かによる差別化とは、メッセージ構築をベースとしたライフスタイルの商品化のことなのだと思います。先の言葉を使えばこういうことです。

そのメッセージが組み込まれた、その商品を買わなければはじまらないライフスタイルがあるか？

あなたの企画にはターゲットに刺さるメッセージがあるでしょうか？

嫌われることを恐れていないか？

最近、私の心に刺さったコピーがあります。

「負けるもんか」

ホンダの企業ＣＭのメインコピーです。

このコピーを読んだ時、即座に思い出したのが「がんばろう」という言葉です。そして私は「ああ、がんばろうに代わる言葉があった」と、感動したのです。

３・11以降の日本中で繰り返し使われた「がんばろう」という言葉に、一抹の居心地の悪さを感じていた人は多いと思います。私もそのひとりです。被災地の人たちが「がんばろう」とお互いを励まし合うのはまだわかります。でも当事者ではない人間まで「がんばろう」と言っても、どこかきれいごとで他人事のように思えるのです。家族も家もすべてを失ってしまった人は、「がんばろう」って言われても苦痛かもしれない、そんな想像もします。

それでもみんなが「がんばろう」という言葉を使っていたのは、他に適切ないい言葉が見つからなかったからだと思うのです。一番無難で、誰からも批判されない言葉だったというのも理由でしょう。

企業CMとはいえ、3・11から立ち上がる日本に向けたメッセージを、制作者は強く意識していたと思います。コピーを生んだクリエイターも、「がんばろう」に違和感を感じていたと思うのです。

「負けるもんか」

いい響きです。心の奥にずどんと届いてきます。個から発する言葉なので、とても正直な共感を生み出すと思います。

でも簡単にはこの言葉に決まらなかったのではないでしょうか。

批判もあったと想像します。たとえば企業をＰＲするコマーシャルにしては、あまりに個人的すぎるとか、「負け」ではなく「勝ち」を意識すべきであるとか。「ホンダはがんばります」とか「絶対勝つ」的な、普通であればそんな無難な方向になっていてもおかしくありません。きっと制作の現場では活発な議論が行われたはずです。

ＣＭ全体を通して見ると若干の妥協の跡も見られはしますが、すべてを無難な選択にしなかったホンダに拍手を送りたいと思います。**無難な表現は何も言っていないことと同じだからです。**

毎月、単純に「よかった記事と悪かった記事」を答えてもらうというアンケートを読者に取っていました。その集計結果を見る時、単純に「よかった記事」に並ぶような記事ばかり集めればいい雑誌ができるかと言ったら、答えはＮＯです。きっと誰も批判できない代わりに、とても**退屈**な雑誌になってしまうと思うからです。

私が注目するのは、「よかった」と「悪かった」の両方で上位に来る記事です。

それはよくも悪くも目立っていた記事だということだからです。

誰が見ても無視できない存在感があったということだからです。


人の心に残るのは共感や賞賛や幸福感ばかりではありません。その逆の感情も強く心に残ります。賛否が明らかに分かれるような記事が雑誌にあると、その雑誌はとたんに無視できない存在感を放ち出すのです。


たとえば「美魔女」という言葉は賛否の分かれる言葉です。

「魔」の字にネガティブなニュアンスがあるので否定的にとらえる人も少なくありません。

普通に美女でいいじゃないかとか、美魔女ってイタイとか、ネットの書き込みを見ると批判も少なくありません。その多くは若い世代の発言だったりしますが、これは彼らにとっても美魔女は無視できない存在になってきた証です。

「YAHOO!」のリアルタイム検索（ツイッターで語られている内容をリアルタイムで検索できるサービス）を時々チェックするのですが、これは「YAHOO!」によるとツイッターにアップされてから、ものの数秒で検索の対象になるそうで、たとえば「美魔女」というキーワードを入力して検索すれば、今、語られている内容を即座に閲覧することができるものです。

美魔女がテレビに出演した直後には活発に美魔女についての発言が行われます。その内容が見事に賛否両論。この言葉の存在感の強さを実感します。

美魔女ではなくてもっと無難な「エイジレスビューティ」とかなんとか、そんな表現をしていたら、きっとこの言葉を耳にした10人のうち9人は次の瞬間には忘れているはずです。**美魔女は賛否の分かれる言葉だったからこそ、こうして全国区の言葉にまで普及した**と思っています。

「美魔女？　何それ？」

こう反応してもらったらすでに勝ったようなもの。

美魔女コンテストの韓国版を開催してもらうために、韓国の女性誌「Woman Sense」

の版元であるソウル文化社へ提携の交渉に行ったことがあるのですが、その時の彼らの反応は、「美魔女という言葉は、韓国ではネガティブ過ぎるかもしれない」というものでした。

キリスト教徒が国民の3割を占める韓国では、魔女という言葉に宗教的な拒否感を感じてしまうのかもしれません。結局韓国版の美魔女は、「K-QUEEN」というネーミングに落ち着いたのですが、魔女の代わりに女王という選択に、私ははたしてもうちょっと攻めてほしかったなあと思ってしまうのです。

感情を絞り込めているか？

メッセージ構築によって人の感情を刺激する時、どこを刺激するかについては、よく考えなければならない問題です。

女性週刊誌の編集者を16年、女性月刊誌の編集者を10年間続ける中で、学んだことがあります。それは、人間が他者に抱く感情には、大きく分けて4段階あるということです。

下から順番に、**「同情↓共感↓賞賛↓嫉妬」**の4レベルです。

どの感情も他人と接したときに、その人との関係を仕分けするためのもので、この4つの感情によってコミュニティは安定すると言ってもいいものです。

「無視」という行為は、4つの感情のどこにも分類されないもので、いじめでよくある「しかと」と同じです。徹底的な疎外というまさに非情（文字通り感情のない）な罰によって、コミュニティから排除します。

私が女性週刊誌を編集しているときに気づいたのは、「女性週刊誌は同情と嫉妬のメディア」であるということです。感情の両極端を刺激するような記事が、毎週のように掲載されていました。私は同情も嫉妬も好きな感情ではないのですが、この感情が他者を自分の価値観で仕分けする行為なのだと気づいてからは、あまり抵抗がなくなりました。

スターという存在は賞賛という憧れの頂点に位置する人たちです。だからこそ賞賛と嫉

安定したコミュニティ

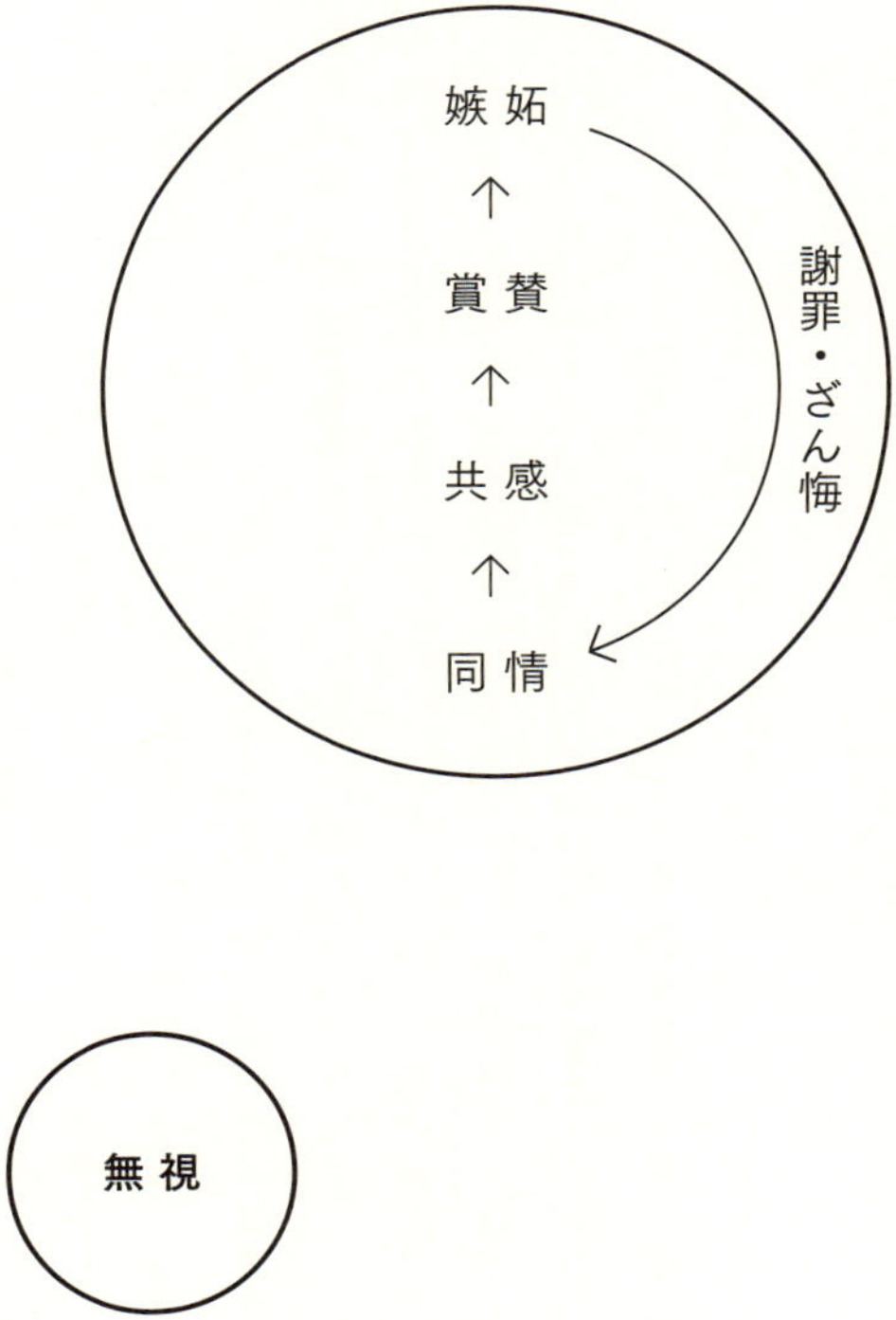

妬のぎりぎりの際まで登りつめたら、その位置をキープするように注意しなければなりません。ちょっと油断すると、「嫉妬レベル」に入るからです。

女性週刊誌はスターのスキャンダルが大好きです。スキャンダルの渦中の人となったスターは、「嫉妬」という仕分けを受けることになります。「女に嫌われる女」などは読者が最も好きなジャンルのニュースです。ちょっと古くなりますが女優**沢尻エリカさんの「別に」**会見や、**塩谷瞬さんの「二股交際」**などは、格好の餌食でしょう。

いったん「嫉妬レベル」に入れられたスターでも、もう一度「大衆というコミュニティ」に受け入れられる方法があります。「謝罪」です。上手に涙を流して贖罪すれば、再び「同情レベル」に入れてもらえます。底辺からもう一度努力を重ねていけば、「いろいろあったけど、がんばった」と「共感レベル」に入れてもらえるかもしれません。酒井法子さんはこの謝罪→同情という正規の復活ルートをたどっているように思います。

話がちょっと横にそれました。

商品を企画したり宣伝したりするときは、どの感情を刺激すればいいのでしょうか？

もちろん「同情と嫉妬」を挙げる人はいないと思います。通常で考えれば、**「共感と賞賛」**です。女性月刊誌はすべてこの「共感と賞賛」を狙ってつくられています。

たとえば表紙モデルを選ぶときに、一番考えるのは読者の「共感と賞賛」をどう引き出すかです。『ＳＴＯＲＹ』の表紙モデルだった黒田知永子さんも、２代目の清原亜季さんも、そして現在の富岡佳子さんも、みんな「共感と賞賛」のアイコンです。

他誌を見渡しても、雑誌の人気は多くの部分を表紙モデルが負っています。『ＶＥＲＹ』の井川遥さん、『Ｄｏｍａｎｉ』の知花くららさん、『Ｐｒｅｃｉｏｕｓ』の小雪さんなど、うまくいってる雑誌の顔はここ数年ずっと変わりません。共感寄りか賞賛寄りかの違いはありますが、「共感と賞賛」は最も説得力のあるブランディングのキーワードです。『美ＳＴ』には特定の表紙モデルはいないので、美魔女が雑誌の顔になっています。美魔女は先に挙げた有名モデルたちよりも、ぐっと「共感」寄りのアイコンです。美魔女は読者から生まれたので、強い親近感を抱きやすいのでしょう。持って生まれた美しさではなく、努力して今の美しさを獲得したというプロフィールも、読者の「共感」を得やすいポイントです。

『Ｍａｒｔ』という月刊誌があります。

パン焼き器と食べるラー油（食べラー）の流行発信源として有名ですが、この雑誌は表紙から細部に至るまで徹底的に「共感」のみで成り立っています。

表紙モデルに有名人が起用されても、あえてオーラが出ない読者モデルのような撮り方をしています。本来なら「賞賛レベル」のタレントも、生活者としての「共感」を演じることで、「有名人だって日々の生活は賢く楽しく節約してます」と言っているようで、まさに「共感幻想」をうまく演出しています。

たとえ10円の節約でも貧乏くささく感じさせないのは、この見事な共感幻想のなせる技と言えるでしょう。第2、第3の「食べラー」を目指して、多くのＰＲ会社が編集部の門前に列をなすのもうなずける話です。

今まで「共感と賞賛」を同じくくりで語ってきましたが、震災後のマーケティングでは、**より「共感」の方が消費者を説得しやすい**のは自明のことです。

かつて消費によってより高い自己実現が得られるように思えた右肩上がりの時代には、

「賞賛幻想」が説得力を持っていました。女性なら**エルメスのバーキン**や**ハリー・ウィンストンのダイヤモンド**、男性なら**ロレックス**に**ポルシェ**……。憧れのアイテムをがんばって手に入れれば、自分も賞賛レベルに近づいた気分になれたものです。しかし『Mart』のように地に足が着いたメディアの隆盛は、とっくに「共感の時代」が到来していることを物語っています。バーキンよりもパン焼き器。それが時代の雰囲気です。

共感レベルの感情を刺激しながら、なおかつ他の共感商品とははっきり差別化すること。

美魔女というコンテンツも、そんな時代に登場した共感のアイコンだったのです。

共感性で「絞り込む」

口コミという情報伝達方法があります。

私の編集する雑誌では読者の口コミ情報をとても多く扱いました。

編集部発の情報でも、編集やライターたちが試してみて、そのインプレッションを口コミという形で併記するよう指示しています。なぜか？　**情報は人の体温によって絞り込めるから**です。

先に挙げた食べるラー油も雑誌発の「口コミ情報」からマイクロトレンドが生まれ、メガトレンドに育って行ったケースですが、**口コミほど説得力のある情報伝達方法はありません。**おそらく人間が社会の原型を生み出した原始から、ずっと変わらないはずです。

このところ口コミは、ステルスマーケティング（消費者に宣伝だと気づかせずに宣伝すること）の問題で、ネットメディアではその信頼性が問われている部分もありますが、ユーザーは信じていい情報と眉唾《まゆつば》な情報を見分ける目を持ちつつあるように思います。となるとメディアの信頼性が、より高い次元で問われてくるようになるでしょう。

たとえば**「食べログ」**などのレビューサイトの難しいところは、ほぼ100パーセントがユーザーの情報発信によって成立するというところです。ユーザーからの信頼が損なわれてしまうと、取り戻すのに時間がかかりますし、場合によっては戻ってこないこともあります。

そのため運営サイドは自らの存在を前面に出さないようにするわけですが、そこに「見えない意図」を感じさせてしまうと逆効果です。純粋なユーザビリティを求めることと、メディアとしてマネタイズ（収益化）することを両立させようとすること自体、どこかで矛盾している。そんな状況の中で、次のネットメディアの行き先に私は高い関心を持っています。

ラグジュアリーなホテルの宿泊プランや、旅、レストランの予約サービスをネットで提供する**「一休．com」**では、口コミ情報をユーザーが「点数」や「性別」「年齢」などで絞り込めるようにしています。

たとえば、ラグジュアリーホテルとして名高い東京のリッツカールトンホテルには、全部で約１３００件の口コミが掲載されていますが（２０１２年８月末現在）、「40代・女性」で絞り込むと、２００件弱の口コミに絞り込めます。自分の属性に合わせて絞り込んだレビューは、ディテールに参考になる書き込みが多く、有用です。

たとえばこんな書き込みがありましたので、一部を引用します。

『禁煙を目指しつつ少し煙草を吸いたい彼と煙草が苦手な私……というのを察してくださったのか、消臭対応かつ灰皿準備という、こちらからお願いできないようなベストなご提案をしてくださいました』

これこそまさに「共感性による絞り込み」を機能させた好例です。自分の価値観による「絞り込み」のシステム化はとてもよくできていると思います。


ネットユーザーはマーケティングするには間口が広すぎるという欠点があります。比べて雑誌メディアの場合は、ロイヤリティ（忠誠心・愛着心）の高い読者に支えられています。高い値段を出して買ってくれるのは、雑誌の発信するメッセージとコンテンツを信頼してくれるからこそです。『ＳＴＯＲＹ』も『美ＳＴ』もそんな読者によって支えられてきました。読者は情報の受け手であるだけでなく、読者代表として誌面に登場したり、口コミ情報を発信したり、読者参加によって誌面の多くの部分が支えられています。

それもまた、「共感性による絞り込み」です。

「読者モデル」という存在があります。最近は**「読モ」**と呼ばれたりもする、誌面に登場することの多い読者代表を指して言います。

レビューサイトやブログサイトなどのように、会員になれば基本的には誰でも参加できるネットメディアとは違って、雑誌に掲載されることは簡単ではありません。多くは編集者やライターのネットワークの中から、評判の高い読者が選ばれて登場することが多いのですが、読者モデルになるための定番の方法はありませんし、不透明です。とりわけ雑誌サイドとのネットワークの希薄な、地方在住の読者にはまったく見えない世界でしょう。

それを見える化したのが「美魔女コンテスト」です。

そう、美魔女コンテストはさらっと言うと「読者モデルコンテスト」なんです。でも『美ST』読者モデルコンテスト」なんて表現だったら、絶対ブームにはならないでしょう。**当たり障りのない表現は、存在しないものと一緒だからです。**

「美魔女」は読者の代表をコンテスト形式でスター化したものです。参加は郵送とウェブによって誰でも自由にできます。書類選考を通ったら、九州、関西、東京（東北以北も含む）で予選を行い、本選に進むファイナリストを決定します。

その過程は誌面で報告されますし、ファイナリストになったら美魔女コンテスト専用サイトにブログも書けるようになります。そのブログや『美ST』の誌面、新聞・テレビなどの他の媒体で彼女たちは「美のエキスパート」としての情報を発信するわけですが、読者からの見え方は自分たちと同じ読者の延長にあります。だって、昨日まで近所のキレイな奥さんだった人が、ある日突然美魔女になっているんですから。その噂だって、ファイナリストが20人もいれば、結構周囲から聞こえてくるものです。

紙に印刷された雑誌というリアルなメディアは、単なる情報以上の価値があります。その意味でも、ウェブメディアに出るよりも雑誌メディアに出る方が、ステータス性は高いと言っていいでしょう。その雑誌メディアに対するリスペクトの象徴が、「読者モデル」であり、「美魔女」です。

読者モデルの発信する情報が誌面を通じて読者と共有される。それこそが「共感性による絞り込み」です。

男性誌にはあまりないことなのですが、『美ST』や『STORY』に登場する読者には必ず年齢と職業などの属性が併記されています。たとえば、「山本由樹さん（50歳・主夫）」とか。この小さな情報の意味は予想以上に大きくて、自分と比較して「こんなに年取ってるのにがんばってるのね」とか、「いい年して働いてないのね」といった、共感のベースとなります。ですから、40代の雑誌を編集しているのに30代の読者モデルが多く登場していると、逆に40代の読者から「もう私の雑誌じゃないのね」と、反感を買ってしまう可能性もあります。ですから、読者モデルの選考には細心の注意が必要です。

共感性は微妙な価値観のズレで簡単に失われるのです。

つまり情報に体温を乗せることが、「絞り込む」ための近道であるということです。

コンテンツを薄めていないか？

ひとりでも多くの人に売りたい。

私もそう思います。

でも先に述べたように、拡散は個性喪失の危険と背中合わせです。

私自身の失敗例をひとつ。

『ＳＴＯＲＹ』は45歳を中心とした女性をターゲットにとても売れていました。

当時の表紙モデルは黒田知永子さん。読者と同世代のカリスマモデルです。私が編集長になった２００５年には人気の絶頂で、翌年には実売部数も過去最高に達していました。

ここで私は表紙モデルを変えて、40歳前後の読者も獲得しようと思いました。

新しい表紙モデルは清原亜季さん、当時ちょうど40歳でした。

結果は45歳以上の読者離れという残念なもので、二兎を追うものは一兎をも得ず、をまさに体感するものでした。

問題は雑誌（プロダクト）になまじ自信を持っていたことでした。多少若くしても、うち以外に読むべき雑誌はないだろうというおごりが判断を狂わせたのです。

一度定着したターゲットを変更するのは容易ではありません。一度離れていった顧客を引き戻すのも容易ではありません。

読者を入れ替えるという二重のリスクを私は犯してしまったのです。

先述した通り、世代差はおよそ5歳刻みで変わってくる、というのが私の実感です。

表紙変更以前の『ＳＴＯＲＹ』を支えていたメイン読者は、45歳を中心にした「バブル世代」。一方その下の40歳前後の世代は「渋カジ世代」。雑誌をお手本にブランド品を買っていた世代と、できたばかりのＢＥＡＭＳやＳＨＩＰＳなどのセレクトショップで服を買っていた世代とでは、好きな服も違います。

清原亜季さんのファッションは、メンズライクなアイテムを女性らしくちょっとセクシーに着こなすセンスに人気があり、「男前カジュアル」というネーミングで大きく売り出しはじめていました。バブル世代が好きな、女らしくてディテールに「可愛い」を取り入れた、「大人可愛い」ファッションとは違いすぎます。それでも雑誌に自信を持っていた私は、「読者はついてくる」と思い込んでいたのです。「男前カジュアル」が雑誌の中心になった時、バブル世代の読者は「もう私の雑誌じゃない」と思い、離れて行ってしまいました。

共感性の喪失です。

あわてた私は再び「大人可愛い」ファッションに舵を戻したのですが、時すでに遅しで離れていった読者は戻ってきませんでした。また「男前カジュアル」と「大人可愛い」の両方にリスクヘッジした曖昧さも、雑誌の個性を失わせてしまう結果となりました。

マスに展開するためにあれもこれもと盛り込むと、個性的なコンテンツ力は薄まってしまいます。

攻めるのか守るのか、どちらかはっきりしていればまた違うのかもしれませんが、攻める（この場合は読者を若い世代に入れ替えること）には、今までの顧客を失うリスクと新規の顧客を獲得する困難とを覚悟しなければなりません。

ただ明らかに言えるのは、**「薄める」という判断は最悪**だということです。**攻めるなら覚悟を決める**ことです。

マーケティング上の失敗もありました。

ターゲットを若くした結果、『ＳＴＯＲＹ』のライバルに30代のファッション誌も入ってきたのです。30代市場はまさにレッドオーシャンです。40代市場という比較的競争の少ないジャンルでの優位も、30代市場に入ることで、一気に劣勢に変わりました。

当時の私はまだ編集者としての経験と勘だけで判断していたように思います。

拡散させることで失ってしまうものを想定できなかったのです。

絞り込むには勇気が必要です。

でも**結果的にマスを獲得するのは、絞り込んで個性を出したプロダクトだと言えるでし**

ょう。絞り込んだコンテンツこそがマスを獲得することができるのです。

AKB48のブームもそうでした。

はじめはアキバ系と言われる一部のオタクたちのアイドルだった彼女たちが、「会いに行けるアイドル」として、秋葉原の専用劇場で公演を始めたのが2005年。それからレコード大賞を獲得するまでの6年で、マイクロトレンドは国民的なメガトレンドになりました。

はじめからマスを狙う戦略だったら、ここまで大きくはなっていないでしょう。

このところの韓流アイドルブームも同じです。

ごく一部のマニアが韓国のアイドルを追いかけていたのですが、今では日本のアイドルグループが韓流アイドルのマネをしているようにさえ見えます。

ごく一部の熱狂が大衆の熱狂の種火となる。マニアを惹きつける際立った個性だからこそ、一般化できる。私はそう考えています。

美魔女を最初にプロモーションしようとしたときに想定した目標がありました。

「男子高校生が美魔女って言葉を使うまでがんばろう」です。

『美ST』とは年齢も性別も一番遠いと考えられる人たちにまで普及したら、大きなトレンドを生み出したことになるのではないか。そんな意味の目標でした。

結果、現在では男子高校生どころか幼稚園児も使っているという話を聞きました。

まさに『美ST』読者の間だけで流行っていた**マイクロトレンドが、メガトレンドになった**ということです。

マスを狙いたければ、まずはコンテンツを薄めず、マイクロトレンドを生み出すことを考える。それをマスに拡散する方法は、次章で語りたいと思います。

ディテールで「絞り込む」

『ＳＴＯＲＹ』創刊当時のエピソードです。

当時（２００２年）は、40代女性の着る服は、デパートでもまだ「おばさんコーナー」

にしかなく、オシャレ感度の高い40代は、街のセレクトショップで流行を取り入れたファッションを選んでいた時代でした。

編集部で**「ローライズデニム論争」**が起きたことがありました。

当時の流行ではおへそより下の「腰履きデニム」がオシャレの先端でした。若い世代は当たり前のようにこのデニムを着こなしていたのですが、股上が極端に浅いのでおへそが出たり、かがむと下着が見えたりという「事故」が頻発していました。

私もロケ撮影の現場で、しゃがんで作業するスタイリストのお尻とTバックの下着が丸見えになっているのを目撃したことがあり、「ローライズいかがなものか？」と思ったものです。若い子ならそれもファッションの一部なのですが、当時の40代では考えられないことだったからです。

オシャレな読者モデルの中にはこのデニムに挑戦している人もいる一方、安心できる深い股上のデニムを愛用している読者モデルもいて、二分化する状況の中、雑誌としての判断が求められました。

40代にローライズデニムは許されるのか？

結論を言うと、「ちゃんと着こなせるように紹介しよう」でした。

読者の気持ち的には、「興味はあるけど自分には無理かも」です。ということは、流行だからと一気にローライズにシフトしたら、読者の共感性を失ってしまいかねません。

ではローライズデニムを紹介する時に大事なことは何か？

それが**「ディテールによる絞り込み」**です。


ローライズの欠点はお腹やお尻が出てしまうことです。ならばその欠点をカバーするような着こなしのディテールこそ重要になります。たとえばローライズに通常のシャツをインして着ても、動いているうちにシャツは出てきてしまいます。そこであるスタイリストが探してきたアイテムは、シャツの裾が股のところでボディスーツのように留められるようになっているものでした。これならどんなに動いてもシャツの裾は出ないので、お腹もお尻も出ることがありません。

またあるライターは一見ローライズデニムに見えるのに、ベルトループの上にリブ編みの延長された股上があるデニムを着こなしていました。このデニムの上にシャツをアウトして着れば、普通にオシャレなローライズデニムに見えますし、事故も防げます。

またあるセレクトショップでは、後ろ身ごろだけニットになっていて、しゃがんでもグーンと伸びるパンツをつくっていました。動きやすくて楽でオシャレという、40代にとってとても大事な要素を満たしていました。

これらはどれも読者の大きな反響があって、40代ローライズ化の端緒となったものでした。**すべては共感性に基づく「ディテールによる絞り込み」**の成果です。

ディテールこそ、コアなターゲットに刺さるものでなければなりません。

流行を紹介するためのモード誌には、「憧れ」があればいいので、本当に着れるかどうかという部分は無視できます。でも『STORY』のように「共感性」に基づくメディアは、「本当に着るためにはどうするか？」までをフォローしなければなりません。そこにディテールの大切さがあり、これこそがターゲットを絞り込むブランディング戦略につながります。

新しいマーケットをつくるときは、非常に抽象的な概念ですが、「はたしてそれは自分が新たにつくるマーケット的か？」という問いかけをよくすることが大切です。そのためにはスタッフ全員と、そのマーケットのディテールを深く共有することが欠かせません。

ディテールというのは文章化するのが非常に難しい「センス」のようなものです。

ファッション誌の編集で言えば、一番大切な作業はコーディネートになります。

企画に合わせて、どんな洋服をどんなコーディネートで着るのか。スタイリストが集めてきた大量の服と小物とを組み合わせていきます。そんなコーディネートルーム内での会話は、意味不明なセンス言語が飛び交っています。

「この靴にこのバッグだとちょっと甘くない？」

「でもこっちを合わせると辛すぎるよね」

甘いだの辛いだの、どこかのラーメン屋での会話のようですが、これでお互いが通じてしまうのが、**ディテールの共有**です。

ブランドが完成されると、ディテールの共有は消費者の末端にまで行き届きます。たとえばえんじ色に金色はカルティエ、オレンジはエルメス、淡いサックスブルーはティファニーなど、ハイブランドは「色」というディテールだけで、ブランドを認知させてしまいます。

話はそれますが、ティファニーブルーと呼ばれる色は、通常の4色印刷では再現が難しく、雑誌広告として掲載をする時にはいつも印刷所泣かせで有名です。それでも微妙な色のディテールにこだわることで、あれだけのブランド力を保っています。

時代とともに消費者のニーズに合わせながらディテールを変えてゆく必要があるものもありますが、ハイブランドの場合は、ディテールを細かく定め、これをぶらさないことで、消費者を絞り込んでいます。

これについてはみなさんがこれからつくる新たな市場に合わせ、それぞれ検討されるべきでしょう。

ライフスタイルで「絞り込む」

私は『STORY』と『美STORY』の2誌の編集長を兼任していた時期が2年ほどありました。

月刊誌2誌ですから、かなりの仕事量になります。

「よく2誌も編集できますね？」と、何度聞かれたことでしょうか？

もちろん肉体的な疲労はかなりあったのですが、精神的な疲労は意外なほどに感じていませんでした。理由は2誌をかぶらないようにつくり分ける必要がなかったからです。同じ40代をターゲットにした女性誌であっても、カバーしている範囲がぜんぜん違うから、思いのほか苦労は少なかったのです。

「『STORY』と『美ST』はターゲットが違うんですか？」

そんな質問もよくされました。

その度に私はこんな会話をしたものです。

「ひとりの女性でも、昼の顔と夜の顔は違うでしょう？　それと同じです」

「はあ……」

「昼間は妻や母やOLなど社会的役割を演じる時間です。役割を演じるために着るのが洋服です。だからファッションは「装う」と言って、素顔の自分とは違う自分になるためのものなんです。つまり『STORY』は昼の奥さん雑誌です」

「なるほど」

「今度は夜になるとお風呂に入ったり、メークを落としたり素の自分に戻る時間でしょ？昼間は抑制している本能の部分も解放されて、ちょっとエッチになったり（笑）。スキンケアや美容活動は主に夜ひとりになってからやるものだから、『美ST』は夜の奥さん雑誌なんです」

「なるほどなるほど」

「2冊合わせてひとりの女性になるんです」

私の中では『STORY』の読者と『美ST』の読者は同じでした。ひとりの40代の女性に対して、ファッション誌と美容誌をつくっていたんです。ターゲットが同じだったので、頭を切り替える必要がなく、その分楽に感じていたのでしょう。

もうひとつ大切なポイントがありました。

雑誌をつくる発想そのものが新しいライフスタイル提案だったのです。それは理想とするイメージの中の読者の生活を思い描くことで出てくる発想です。

昼の生活（ライフスタイル）と夜の生活（ライフスタイル）。

先に私はファッション誌と美容誌をつくっていたと書きましたが、本当は、ファッション（ライフスタイル）誌と、美容（ライフスタイル）誌をつくっていた、と記述するのが正しいのです。大事なのはカッコの中です。

今までにないライフスタイルを生み出せると、ターゲットを「絞り込む」ことができ、これができると新しい市場をつくることに成功できます。

2005年に『STORY』の編集長になって以来、ずっと私はそう思ってきました。

私が『STORY』の2代目の編集長に指名されたのは、私も周囲も予想しない大抜擢でした。週刊誌で16年のキャリアを積んだとはいえ、女性月刊誌はまだ3年。ファッションのファの字も語れない男には、荷が重すぎる。普通は誰でもそう考えます。

「あいつで『STORY』は大丈夫なのか？」という声も聞こえてきます。

でもひとりだけそう思わない人がいました。当時の坂井編集長です。

「なぜ私なんですか？　他にもっとファッションに強い編集者はいるじゃないですか？」

そう問い返す私に坂井編集長はこう言ったのです。

「ファッション誌をつくられちゃかえって困る。流行なんて洋服の展示会を回ってたら、何が流行るのかなんてことぐらいすぐわかる。知識として知っていればいいんだ。それに流行と読者の着たい服とは一致しないことの方が多い。『STORY』はファッション誌じゃなくて、ライフスタイル誌なんだ。何も着ずに裸で一日暮らして行くわけにはいかないだろ？　毎日洋服を着なきゃ暮らせない。だから輝くための生活に必要な『着る服』についてわかっていればいいんだ」

不安でいっぱいだった私の胸中を見透かしての言葉だったとは思いますが、ずいぶん楽になったことを昨日のように覚えています。主に読み物ページを中心に担当していた私は、日常から40代の女性の生き方について考えていました。ですから新しいライフスタイルの提案だったら、きっと私にもできると思ったのです。

そしてそのことを強く実感したのは編集長になって2号目の時でした。

「暴投」によって「絞り込む」

私が編集長になって2号目のプランを考えている時でした。

こんなよからぬ思いが私の頭をよぎったのです。

思いっきり暴投してみようかな。高校野球のピッチャーが緊張をほぐすために、1球目をわざとバックネット直撃の大暴投をするように。まだ編集長になったばかりだから、1号くらい失敗しても大目に見てくれるだろう。

そんなわりと軽い考えでこんな大特集を思いついたのです。

「大特集　40歳になってよかった！　今の私がいちばんキレイ！」

表紙モデルの黒田知永子さんは、いつもは清潔感がある可愛い奥さんのイメージで服をコーディネートしていました。でもこの号は、ピンクのタンクトップにローライズのデニムで、いつものチコさんとはぜんぜん違う、カジュアルでセクシーなイメージにしました。

私の売れ行き予想は、たぶん大はずれ。それまでの『STORY』は基本的にファッションをテーマにした特集で売っていましたから、いくらなんでも、「今の私がいちばんキレイ！」なんてメッセージに共感してくれるとは思えなかったのです。


ところがふたを開けてみると、完売店続出のすごい売れ行き！


私が暴投と思った球は、実は読者のど真ん中だったのです。

読者のポジティブさと柔軟さに私は驚くとともに、これから新しいライフスタイルの提案をしていくことができると、自信を持つことができたのでした。

ここで気づくべきことは、こうです。

「絞り込む」ためには暴投くらいがちょうどいい。

読者のちょっと先と思って手加減した提案をしていると、ぜんぜん絞り込めないのです。もっと先に、手が届かないだろうと思うくらい思いっきり先に暴投！　くらいじゃないと、ちょっと先にも行けないのです。

よく消費者の1歩先ではなく半歩先を提案しよう、という声を聞きます。わかったようなことを言うなあと思います。消費者をわが手中に納めていれば、1歩も半歩もさじ加減の世界なのかもしれませんが、そんなの完全なる幻想です。

私たちが考えるより、消費者はよっぽど先に行っています。だから私たちは反対に、「自分たちは遅れている」という意識を持つことが重要なのです。

先の坂井編集長がよくこう言っていました。

「おれたちより読者の方がよっぽど進んでいる」

我々は消費者の方がよっぽど先に進んでいることを、自覚することが必要です。ようやく捕まえたと思っても、次の瞬間にはスルリと指の間から逃げていってしまう、それが消費者です。ここは現状に満足せず、消費者の行く先を予想し、提案し続けなければなりません。

雑誌の読者は5歳刻みで世代の感性が変わってくると先述しましたが、ずっと同じ世代をターゲットにし続けていることの難しさもあります。

『VERY』の今尾朝子編集長にこんなことを聞いたことがあります。

「ずっと同じ読者ばかりを見つめていると、飽きてこない？」

すると今尾編集長はこう切り返してきたのです。

「読者はどんどん変わっていくから、その変化を見ているだけで面白いです。ぜんぜん飽きません！」

どちらかというと飽きっぽい性格が欠点である私は、なんとなく同調してほしかったのですが、見事なシャットアウト。彼女の努力に学ばなければなりません。

「絞り込む」ためにウォッチし続ける

今まで述べてきたようなコンテンツ構築によるターゲティングがうまくいって、ロイヤリティの高い消費者を獲得できたとします。

反響もあり、販売も好調に推移しているとしたら、**おめでとうございます。**あなたは見事に新しい市場を獲得することに成功しました。

でも、ここで安心してはいけません。

時代の影響を受けて私たちの感性は少しずつ変わっていくからです。

AKBなんて興味ないと思っていても、いつの間にかカラオケで歌っていたりするあなたと一緒です。時代の波は、避けても必ずやってきて、人を飲み込んでいきます。

震災後の子育てママも同じです。

放射能の子どもへの影響を心配して、食品の生産地をチェックするようになったり、ロシア製のガイガーカウンターを購入したり、お父さんだけ東京に残して西の方へ移住する母子まで出てきたり……。マクラーレンのベビーカートを押して、代官山のカフェでランチというこれまでの不動のイメージとは、１８０度異なります。このようにマーケットは常に変化し続けます。だから我々は絞り込みに成功しても、こうした変化に常に敏感でいなくてはならないのです。


こんな例もあります。

先日ある40代後半の独身女性がこんなことを言っていました。

「会社に新入社員の女の子が入ってきたんですが、金銭感覚が本当にしっかりしてるんです。お昼はお弁当を持ってくるし、着ている服も贅沢していないし。ＺＡＲＡが高級ブランドなんて、私たち世代には考えられません。お金を使うことに罪悪感みたいなものがあるらしくて、タクシー乗ったり、ブランドのバッグを持ったら、友だちにイタイって言われるって。私も影響されて時々お弁当を持って行くようになりました」

これは20代の世代感覚が40代に影響を与えている好例でしょう。

つまり昨日まで40代を完全に理解したと思っていても、そのマーケットにいる個人は、確実に日々、変化することから、たとえば今、成功していたとしても、いつまでも同じやり方で成功し続けることはできないということです。

これから新しい市場をつくっていこうとするなら、若い世代がこの社会の中心選手になっていく時、日本人の感性がどう変わっていくかについては、特にシミュレーションを重ねていかなければならない問題です。

低成長時代に生まれてゆとり教育を受けた子どもたちは、すでに20歳を超えています。

以前、青山学院大学と上智大学で何回か講演をしたことがありますが、その時の子どもたちがちょうどゆとり教育世代ど真ん中の子どもたちです。

雑誌編集に関する話をいくつかして、電子書籍の未来について語って、私の方からこんな質問を投げかけました。

「定期的に買っているか読んでいる雑誌のある人、手を挙げて」

ほとんど手が挙がりません。300人は入る教室はほぼ満員なのに、10数名がパラパラと手を挙げているだけなのです。恥ずかしがっているのかなと思った私は再度、

「立ち読みでもいいよ、好きな雑誌がある人は手を挙げてみて」と聞いてみました。

それでも数人増えただけで、90パーセント以上は手を挙げません。

そこで最前列に座っていた、挙手していない男子学生に質問してみました。

「雑誌買わないの？」

「あまり買わないです。図書館に行くか、コンビニで立ち読みするくらいです」

「本屋さんには行かないの？」

「行っても買うのは文庫本とかですかね」

「雑誌は高い？」

「駅に置いてあるフリーマガジンは発売日に取りに行きます。すぐになくなっちゃうか

ら」

今度は挙手している女子学生に聞きました。

「どんな雑誌読んでるの？」

「はい、お母さんが買ってるので『ＳＴＯＲＹ』読んでます」

「40代の雑誌だよ、自分じゃ買わないの？」

「私は雑誌好きなので、『ＳＴＯＲＹ』でも面白いです。ただときどき『ＣａｎＣａｍ』を買います」

「他には？」

「たまーに『ＪＪ』とかです」

挙手している男子学生にも聞きました。

「好きな雑誌ってなに？」

「すごいマニアックなんですけど、渋谷にあるセレクトショップが出してるフリーマガジンがあって、それが大好きで定期的に送ってもらってます」

図書館、立ち読み、お母さんの雑誌、フリーマガジン……。なんて貧しい雑誌体験なのでしょうか。でもこれがリアルな「時代の感性」の一端です。

私たちは否定ではなく肯定によって「時代の感性」を理解しなければなりません。なぜなら新しいマーケットを切り拓いてゆくためには必須の感性だからです。

「絞り込む」作業はターゲットへの理解が必要です。

価値観の共有を前提にしたメッセージの構築こそが、「絞り込む」武器となるのです。

PART3

巻き込めているか？

～ライフスタイルのブランド化によるエンクロージングメソッド～

ブームをつくりたければ社会現象化を目指せ

新しい市場をつくるために大切なのは、なんと言っても**社会現象化**することです。でも社会現象化って、どういう状態を言うのでしょう。

これについて、美魔女を例に考えたいと思います。

まずは、第１回国民的美魔女コンテスト（２０１０年11月開催）と美魔女たちの『美ＳＴ』以外のメディアでの露出状況をまとめてみました。

【第１回国民的美魔女コンテスト】

テレビ・21件

新聞・２件

WEB・48件
雑誌・1件
合計・72件（※インテグレート調べ）

これを、放送された時間や掲載されたスペースを広告費として換算してみます。
ジャン！　約2，200，000，000円！
ゼロが多くてよくわかりませんね。

いいですか？　22億円です。

イベントにかかった費用は1000万円くらいのものですから、その220倍の経済効果があったということです。
最近よく広告よりもPRの時代と言われますが、社会現象化させることによるコストダウンの素晴らしさにはとても説得力があります。

でも驚くのはまだ早いんです。第2回国民的美魔女コンテスト（2011年11月開催）のメディア露出状況を見てみましょう。

【第2回国民的美魔女コンテスト】
テレビ・42件
新聞・61件
雑誌・9件
WEB・203件
合計・315件（※インテグレート調べ）

広告費換算額は、約6，700，000，000円。

67億円（！）です。

つまり社会現象化させると、低コストでブームをつくることができ、そこに市場ができやすいというわけです。

これはぜひ、覚えておきたいポイントです。

私自身もちょっと目を疑いました。これだけ露出が多いと、とてもすべては追いきれないため、テレビに42件、新聞に61件も露出していたなんて、このデータを見るまで私自身も知りませんでした。かかったイベント費は前回をちょっと超えて１５００万円くらいですから、４００倍以上のリターンです。

これをもって美魔女というコンテンツは社会現象化したと言っても過言ではないのですが、さらにデータを分析することで見えてくるものがあります。新聞の露出件数を比較してみましょう。

第1回　新聞・2件　↓　第2回　新聞・61件

この増え方はなんでしょうか？　テレビに関してはすでに飽和状態なので、21件↓42件と**倍増**くらい（それでもすごい）ですが、新聞は**30倍**です。

これにはメディアとしての特性の違いもあります。

新聞はテレビなどのメディアに比べて、報道という側面が強く出ます。

つまり取り上げるからには「ニュースバリュー」つまり「報道価値」がなければ難しい。一方、トレンド情報はとてもスローな面があります。これにより新聞記者のアンテナに届き、なおかつバリューがあると判断されるまでには、約1年を要しました。

でも裏を返せばこうした過程を経て、新聞で報道されれば、確実に社会現象化した証になります。

美魔女という言葉は約2年をかけて、メディアのすみずみまで行き渡ったということです。

話はちょっと変わりますが、私が初めて**「食べラー」**を食べたのは、２０１０年に妻の実家である名古屋に行った時でした。

このとき義母が「やっと買えた」と言って桃屋の瓶を２つ見せてくれたのです。

「ふーん、これが食べるラー油ってやつか」

この時が、おそらく「食べラー」が社会の末端（私のこと）にまで届いた瞬間です。

実は私は意外とコンサバティブなタイプで、どんなブームにも容易には飛びつきません。テレビを見ることもほとんどないので、世の中の流行情報にかなり疎い面があります。

それでこんな仕事をやっていられるのが私も不思議なのですが、そんな私でも「食べラー」について知っていたのは、「口コミ」という原始的で最も説得力のあるメディアによってでした。

「たまごかけご飯に食べるラー油をかけると超うまい」と友人から聞いていた私は、義母の食べラーで大好きなたまごかけご飯にチャレンジ。

「こ、これはうまい！　お義母さん、ひと瓶ください」

ここにめでたく新たな「食べラー顧客」が誕生したのでした。

商品そのものが社会現象化する事例は、このところの**「塩麹」**ブームにも見て取れます。

ポスト食べラーとしていくつもの「2匹目のドジョウ商品」が出てきましたが、一時の欲しくても入手できない状況は、ますますブームを過熱させます。

先日入ったトンカツ屋の厨房でも、こんな会話が交わされていました。

「キャベツの浅漬けに塩麹使うと美味しいのよ」とパートらしき女性。

「お肉を漬け込むと柔らかくなるらしいわよ」とパートの先輩らしき女性。

口コミが目の前で広がって行くのを目の当たりにした瞬間でした。

そして私はというと、「塩麹はお肉に漬け込むと柔らかくなる」という知識を得てしまったというわけです。実は私はいまだに「塩麹」を食べたことがない（！）のですが、「塩麹」ブームについてはこの時点で「知っている人」になったわけです。

実はここに**社会現象化のキーワード**が潜んでいます。

なんだと思いますか？

それは**「私のように見たことも食べたことがなくても『塩麹』ブームを『知っている**

人』がいる」という事実です。

「オーディエンス」を増やす

ビジネスは最終的にどうマネタイズ（収益化）するかですから、直接的な顧客は「お金を出してくれる人」たちです。でもそうした人がいきなり顧客になってくれることはごく〝まれ〟です。そこで大事なのが**事前の「認知体験」**です。

私の「食べラー体験」も、事前に私が何の情報も持っていなければ、義母に勧められてもあっさりスルーしてしまったかもしれません。

「へえーそうなんだ……（以下無言）」と。

私の場合も事前の「認知体験」があったからこそ、スルーできず、そこにフックをかけていけたのです。

私自身の「食べラーのケース」を基に考えてみましょう。

そこには実は、３段階の「食べラー体験」がありました。

①第1段階 認知（メディア・口コミでの情報認知体験）→「食べラーなら知っている」
②第2段階 接触（情報を基に接触体験）→「買いに行ったけどいろいろあって迷った」
③第3段階 実体験（直接体験）→「たまごかけご飯にかけたら超うまかった！」

新しく市場をつくりたいと考える人が関与できるのは、主に第1段階と第2段階においてです。

第1段階はメディアでのプロモーション、第2段階は店頭でのプロモーションが中心になります。中でも新市場をつくるために社会現象化を仕掛けるとき、一番大切なのは「第1段階」です。

「食べるラー油でしょ、聞いたことあるよ」という人を増やすためのプロモーションです。

この「認知」をどれだけ広げられるか、つまり、**オーディエンス**――ここでは「観客」と直訳しますが、文字通り「見ている人たち」のことです。テレビや新聞、雑誌、インターネットなどでその情報に接した人たち――が、どれだけいるかが、社会現象化、つまり

「巻き込む」ための**最大のカギ**となり、これが多ければ多いほど、市場を確固たるものにすることができます。

顧客　＋　オーディエンス　＝　ファン

顧客に「オーディエンス」を加えたものを「ファン」ととらえ、これを広げることを考えるのです。

この「ファン」は、多ければ多いほど、商品の認知が進んでいることを意味します。

「ファン」を増やすには、いかに「オーディエンス」に拡散していくかが鍵になります。

このとき**「好意的レスポンス」**だけでなく**「反感的レスポンス」**も含めた**ノイズ**の発生が重要となります。

だって、たわいない人の悪口や噂話って楽しいでしょ？

つまりはそういうことです。

目論見通りに社会現象化することができた美魔女コンテストの場合はこうです。

たとえばテレビの情報バラエティ番組に美魔女が出演して、若さと美しさを保つ美容方法について語ったとします。その直後のツイッターでの反響を「YAHOO!」のリアルタイム検索で見てみると、驚くほどたくさんのつぶやきがアップされています。

その中からあえて「反感的レスポンス」を抜き出してみましょう。


「先日お客様からついたアダ名が「美魔女」……「魔」が余計……」

「美魔女もどうかと……やり過ぎてる感のある人が美魔女とTVで言われているような……どうみても痛いです」

「予測変換の中に『美魔女』ってあるけど、ATOKどうした?w」

「あのおばはん、実は美魔女とでも言われたいのか」

「美魔女になるにはお金もかかるのね」

「くそが！　美魔女くそが！」

「40過ぎのババアを美魔女（笑）とか持ち上げる風潮……ファックだね」

これは実際にリアルタイム検索から無作為にピックアップしたものですが、美魔女という言葉によくないノイズも立っている状況がわかります。もちろん「好感的レスポンス」が8割ですが、**好悪とりまぜた様々な反響が、さらにノイズを高めていく**のです。

そしてまさにこれこそが、美魔女が**「無視できない存在」**になれている証拠です。

「好感」一辺倒の反響は、逆に一過性で終わってしまう怖さがあります。

それよりも「何か気になる」存在の方が、長続きしますし、エッジの立った存在だからこその賛否両論だということです。

反感はある時点で好意に変わる可能性がありますが、「どうでもいい」存在は、評価の場にさえ上がってきません。

美魔女のコンセプトワークからプロモーション、事務局の立ち上げまで中心的役割を果たした電通の川尻政孝さん（営業推進局）は、こう分析します。

「万人に好かれる企画というのは、一見ありそうなベストの選択のようで実際はなかなかなく、結果『誰からも好かれない』となって失敗するケースが多いと思います。美魔女は一見すると一笑に付されるような、どこかキワモノ的な要素が適度にあったことが、差別化できた最大の要因だったのではないでしょうか。初期のAKBには『誰に好かれないか（嫌われるか）』を意識した気配がぷんぷんしていました。美魔女にも同じ気配が濃厚に漂っています」

美魔女というコンテンツは実は若い人たちの反感を買いやすい傾向があります。低成長社会に生まれて、消費することはある意味罪悪のような価値観を身に付けている彼らからすると、バブル世代の象徴でもある美魔女には、反感を感じてしまうのかもしれません。

でも川尻さんの言うように、そのことは実は**織り込み済み**です。

若い人たちは直接美魔女のターゲットではないので、その反響自体はウェルカムです。

どんどんノイズを立てて、社会現象化の一端を担ってもらえればと思っていました。もちろん「好かれたい」と思っているターゲットそのものからの反感は、望ましくありません。それは言うまでもないことです。

コンテストで選ばれた美魔女たちは美魔女サイトでのブログ連載の他に、ツイッターとフェイスブックによってユーザーとの交流もはかっています。

こうしてソーシャルメディアを中心に、美魔女というコンテンツがノイズを立て、大きなうねりとなり社会現象化していきます。**拡散していく過程で「好悪」とりまぜたレスポンスが本来「オーディエンス」ではない人たちを「巻き込み」ながら「ファン」を増やし、社会現象化していく**のです。

その「オーディエンス」には、将来買ってくれる「潜在的顧客」もいますし、「インフルエンサー」のような情報感度が高い、おしゃべりな人たちも含まれています。「インフルエンサー」は目撃した（知りえた）情報を周囲の人たちにどんどん伝えてくれる人ですが、先のように反響は必ずしも「好意的」でなくて構いません。

いい反響も悪い反響も含めて「ノイズ」が上がれば上がるほど、「食べるラー油なら知ってるよ」という人たちが増える。

ノイズはまたノイズを生んで、次々に伝播していくという構図です。結果として、あちこちで「食べラー」情報に接すると妙に気になって食べてみようかと思う。相乗効果が生まれていくわけです。

直接顧客を増やすために「オーディエンス」を増やそうという発想を持つのは、意外に難しいものです。なぜならこのふたつのベクトルは実際は交わらないものだからです。

雑誌で言うなら、「顧客」である読者というのはかなり限られた狭い範囲のターゲットとなります。しかし、「オーディエンス」はもっと広い範囲の人たちです。

たとえば美魔女のオーディエンスには『美ＳＴ』の読者とはかけ離れた男性なども、数多く含まれます。コアなターゲットからどれだけ離れた人が美魔女を認知するか。それが社会現象化のひとつの尺度となるのです。

「男子高校生が美魔女って言葉を使うまでがんばろう」

と、美魔女のプロモーションをはじめた時に冗談のように言っていた目標は、コアターゲットから一番離れた人たちにまで認知させよう、という目標だったのです。

情報から生まれる欲望で囲い込め

人間の行動は常に、次のようなプロセスを経て決定されます。

①「認知」……情報を得ること
②「判断」……得た情報を基にどう行動するか決めること
③「行動」……決定を行動に移すこと

行動の源泉には、そこまでに至る「情報の採取・取得」が必ずあります。

逆に言うと、情報がなければ人間は行動できない。だから常に情報を求めているわけです。となると話は簡単です。**情報に飢えている人たちを食いつかせるだけのバリューのあ**

る情報を発信することができれば、消費行動へ至るベースをつくり出せる。ベースができてしまえば、社会現象化でき、そこに市場が生まれるというわけです。

ちょっと話はそれますが、ひとつ語っていいですか？

「行動」の源泉は「認知」です。

「認知」とは「欲望」と言い替えてもいいくらい、両者は一体となっています。

「おっ、食べラーがある。食べたい」、とか。

「おっ、いい女がいる。○○したい」、とか。

「認知」は先程も述べたように「情報の採取・取得」によって得られる感覚ですから、「食べラーというものがある」「いい女がいる」といった情報をあらかじめ刷り込んでおくことが、欲望直結の原理です。

ですから**情報を拡散させて、潜在的顧客を増やすことが重要**なのです。

最近よく街で見かける「ラーメン俺」的な下手な筆文字の看板を見ると、こってり豚骨魚介系の濃厚スープが思い浮かんで唾液分泌してしまうように（私だけ？）、すでに刷り込まれた「情報」には「欲望」へのタイムラグがありません。直結です。

逆に人間はよくわからないものには「欲望」を感じないものです。

「ナマコ俺」と先の看板を書き替えたら、「なんだかよくわからない。逃げよう」と、生存本能という行動に移ってしまいます。

だからナマコを最初に食べた人類は、偉大だっていう話にもなるわけです。

カフェのテラス席の最前列に座る人待ち顔の女性は、「いい女」的「情報」を身にまとっています。ミニスカートの脚を時々組み換えてみたり、グロッシィな唇で物憂げにストローをもてあそんだり……。彼女はすでに人類男子に刷り込まれ記号化された「いい女的情報」を、通りすがりの男子に「認知」させることによってたちまち「欲望」を喚起し、「行動」に移させしむという一大作戦を、意識的にせよ無意識的にせよ遂行中なのです。

そう考えると、私たち男子は「記号化された情報」に欲望を感じているのであって、「女性」そのものに欲情するのではなく、世の迷える独身女子のみなさんは、もてたかったら「いい女的記号」を身にまとうべきなのかもしれません。

つまり私が言いたいのは、**「情報」こそ「欲望」そのもの**だということです。

あらかじめ刷り込まれ、記号化された「情報」が「欲望」を喚起するのであって、「欲望」は単体で存在するものではない。だからこそ、**欲望をあおるマーケティングができたなら、そこに新しい市場ができるのです。**

「オーディエンス」の集め方

雑誌を創刊する時（ブランディングする時と言い替えてもいいです）、私は神の目線になって一本の川を創るイメージをします。どこの山からどんな土地を通して、どんな海に注ぐのかと。川の幅は？　獲れる魚は？　川沿いに住んでいる人たちは？

みなさんも、ブランディングするものをその「川」に見立ててみてください。

きちんとブランディングができていれば、すぐに顧客が川に集まってきます。直接お金を払ってくれて、川に入って泳いだり、魚を獲ってくれたりします。

たとえば一部のロイヤリティの高い顧客に支えられるブランドができました。でもあなたはこの川をもっと大勢の人に知ってほしいと思う。

ごく一部の人が知っている知られざる清流ではなく、誰もが知っている有名な川にしたいと思っています。そこでどうやったらこの川を知ってもらえるか考えます。

私ならこの川で**イベント**をやります。

川だから花火大会などいいかもしれません。ただの花火大会では面白くないので、たとえばすべての花火はお金を出してくれた人からの「愛の告白メッセージ」付きにするのはどうでしょう？　全額は高額になるので、一部出資でも構いません。なるべく大勢の人に参加してもらえばいいと思います。

大胆なプロポーズの連続は、若い人たちを中心に大勢の観客を集めるでしょう。お金を払って告白メッセージに参加する人は、きっとフェイスブックやツイッターを使って、事前に宣伝するはずです。もしかしたら知っている友だちが参加しているかもしれません。

見つけたら大騒ぎです。すぐに共通の友人にメールを使って連絡するでしょう。友人たちはそれを見て、続々と川に集まってきます。

人が大勢集まっている面白い花火大会があると聞きつければ、テレビ局が中継取材にくる可能性もあります。すると川にこない人たちもテレビの前で観客となってくれます。参加の仕組みがあると、イベントは共有され、どんどん拡散していきます。

土手で花火を観たり、テレビで観る観客は「オーディエンス」です。お金を払って直接花火を買う人（顧客）だけではなく、川に集まって花火大会を楽しんでくれる人たちも、オーディエンスとしてその花火大会を盛り上げます。

この観客たちの中から、次はお金を出して遊んでくれる人もいるでしょうし、つまらないと言って次はこない人もいるかもしれません。

それでも川の「直接顧客」だけでは考えられなかった何万人もの「オーディエンス」から、「ファン」は拡大していきます。「ファン」を増やすために、花火大会はとても有効な手段なのです。

『美ＳＴ』にとっての国民的美魔女コンテストは、花火大会と同義です。

おかげで、コンテスト開催以来、普段は『美ＳＴ』を手に取らない「オーディエンス」が美魔女というコンテンツの周りにたくさん集まってくるようになりました。

次に花火大会で大切なのは、**「巻き込む」仕組みをつくる**ことです。

「巻き込む」とは「参加させる」ことです。

「オーディエンス」として観ているだけの立場から、一歩踏み出して「参加させる」ことができれば、花火大会はもっと大勢の人たちに共有されるイベントとなります。

だって観ているだけだと、眠くなっちゃうでしょ？　私も隅田川花火大会を観に行ったりしますが、楽しいのは最初と終わりだけで、途中はずっと寝ているような気がします。

ですから美魔女コンテストでは「ファン」を巻き込む仕組みをつくりました。

いかにして「巻き込む」か？

第2回国民的美魔女コンテストは、**USTREAM**を使ってストリーミングされました。USTREAMとは**動画共有サイト**で、最近はアーティストのライブなども積極的に流されています。テレビの生中継に比べれば、比較にならないほど安価に放送できますし、どんな人でも最低限動画を撮影できるカメラとインターネット環境さえあれば、放送局になれるというソーシャルメディアです。

もちろんテレビ局の放送ではないので、そんなに多くの視聴は望めません。ビッグアーティストのライブならまだしも、美魔女コンテストですから、ユーザーへのサービス程度の軽い気持ちで中継をしたわけです。

ところがです。

この中継を観た人が、なんと**1週間で100万視聴を超えた**のです！

わりとたくさん見られている番組でも数千単位の視聴数ですから、これはちょっとあり得ない数字です。私も視聴数を表示するカウンターを見て、信じられませんでした。

驚いたUSTREAMから電話がかかってきました。

「ものすごい視聴数なんですが、美魔女コンテストってなんですか？」

コンテスト当日からほぼ1週間、国民的美魔女サイトもつながらない状態が続きました。私たちの用意したサーバーもアクセス規制をかけてしまったほど、ものすごい数のアクセスが続いたのです。

予想外の大反響に嬉しい悲鳴をあげながら、私は**SNS（ソーシャルネットワークサービス）が、マスメディアなみの反響を呼ぶことがある**のだと、実感したのでした。

美魔女コンテストのサイト構築を担当したフェイバーの岡村信一さんは、その理由を次のように語ります。

「メディアミックスの効果じゃないでしょうか。雑誌発のエッジの効いたコンテンツがあり、ソーシャルメディアで拡散し、それをテレビなどのマスメディアが取り上げることで、もっと増えてソーシャルに帰ってくるという相乗効果の結果だと思います。ユーザーを巻き込むための仕組みもよかった。美魔女がブログを書けばフェイスブックを通じて感想を書くことができるし、ツイッターでは美魔女とリアルにコミュニケーションができる。投票することでイベントそのものに関わることもできますよね」

岡村さんは自身もフェイスブックやツイッターなどSNSの達人としてよく知られていますが、SNSの魅力は「つながること」だと言います。

「会いたいのに会えない時も、SNSを使えばつながれる。自分の発言に対して反応があるって、さみしがりな自分にはちょっとうれしい。美魔女に注目したユーザーたちも同じ気持ちだと思うんです。そんな非常にパーソナルなメディアですから、PRサイドが大ブームをつくろうとか、最初から過大な期待を抱くと失敗するだけだと思うんです。USTREAMで100万視聴なんて、普通はありえないですから」

美魔女コンテストはソーシャルメディアをフルパッケージで組み込みましたが、目的はほぼ「ユーザーサービス」のためでした。サイトのアクセス状況もチェックせずにいたくらいですから、大きな期待はしていませんでした。

ちょっと前なら「ソーシャルメディア革命」的な言説が幅を利かせていましたが、ブームもちょっと落ち着いてきたのでしょうか？　岡村さんもこう言います。

「落ち着いてきたというより、PRのコミュニケーションプランにソーシャルメディアを入れるのが当たり前になってきたんです。スマートフォンの普及でメディアへの接触状況が変わってくると、ウェブの中に私たちの日常があるような状態ですから」

ウェブの中に日常がある。

これはメモっておいたほうがいい言葉です。

スマホ時代のコミュニケーションデザインに、必須のメディア感覚でしょう。

「ただ、メディアは新しくなっても、やっぱり大切なのはテーマ設定やメッセージ性です。美魔女の場合、元々のコンセプトワークがしっかりしていたからこそ、ここまで注目されたんじゃないでしょうか」。

巻き込み続けるためのコンセプトワークとは？

美魔女ブームは一過性のものと思われていました。

第1回目のコンテストが終わった後、よくこう言われたものです。

「今年がピークだから、来年はこうはいかないよ」

でも実際ふたを開けてみたらどうでしょう？

繰り返しになりますが、先に挙げたメディアの反響を広告費換算したデータを見れば明らかです。

２０１０年　22億円（広告費換算）
２０１１年　67億円（広告費換算）

2年目の方が3倍の反響があったことになります。

その理由は先の岡村さんが言うように、「美魔女は**コンセプトワーク**がしっかりしていた」からです。一過性で終わらせない、存在意義があったからです。

２０１１年は東日本大震災のあった年で、「ニッポンを元気にしたい」というムーブメントが沸き起こっていました。その時代に、美魔女のコンセプトはどうマッチしたのでしょうか？

国民的美魔女コンテストを開催するにあたり、コンテストの開催趣旨を決めなければなりませんでした。私としては「美魔女」という言葉を普及させることが目的ですが、それとは別に、コンテストというイベントの**存在意義**がなければいけません。
私たちと一緒に美魔女のコンセプトを構築してくれた電通の林信貴シニアプランニングディレクター（コミュニケーションデザインセンター）は、こう考えました。

「美魔女とはキレイなおばさんたちです、っていうだけだと薄っぺらなものなってしまって、長続きしないだろうと、まず初めに思ったんです。でも彼女たちの存在が社会を元気にする、日本をよりよくするという目的と存在意義を持てば、ずっと続いていくと考えました」

林さん自身、いくつかの仕事を通じて美にどん欲な40代の女性たちの存在には気づいていました。その人たちで日本を元気にできるんじゃないかという漠然としたアイデアを持っていた時に、美魔女の存在を知って「これならできる」と思ったと言います。

林さんのつくった「美魔女とは何か？」というコピーがあります。
ちょっと長くなりますが引用します。

女性の「美」には、様々な価値観があります。
そして大人の女性ほど、その「美」に深みと広がりが生まれます。
顔、肌、プロポーション、ファッションセンス……「外見美」
知性、官能、躍動、母性、感性……「知的美」
それらを両立、包含する「才色美」な美しき大人の女性たちが、美魔女。
一過性の話題づくりイベントではない！
単なる美人コンテストではない！
ミスコンの大人版ではない！
「外見美」を競うとともに「知的美」を競うことで、
真の大人の「才色兼備」のコンテストになります。

そして選ばれし美魔女たちの活躍を通じ、日本の美しき大人の女性たちが、
「もっと胸をはって生きられる、着飾れる、社会に出られる」
さらに選ばれし美魔女たちが、社会で活躍すればするほど、
社会に貢献できる、世の中のお役に立つ。
彼女たちが注目され、社会で活躍すればするほど……
チャリティが大きなものになっていく。
そんな仕組みもスタートします。

なんて熱いメッセージなんでしょうか。改めて読み直してみて、ちょっとビックリするくらい、「社会」という言葉がたくさん出てきます。

「美で社会貢献」というコンセプトは、それだけだとお説教くさい話になってしまいますが、美魔女という一見ちょっといかがわしげな（笑）女性たちが語ると、とたんに元気なイメージになります。震災後のムーブメントの中でもそこがマッチしたんでしょう。彼女たち

がよく『周りの人を元気にしたい』と言いますが、その気持ちも大事ですよね」

美魔女ファイナリストたちはコンテスト後も**「TEAM美魔女」**として、様々な活動をしています。

「美魔女が集団に見えないと社会を変えるようなムーブメントは起こらないと思いました。ひとりや数人の顔ではダメです。1回のコンテストで20人。毎年20人ずつ増えていけば、やがて大きな影響力を持つようになります。そのためにも、一過性のものではなくて長続きさせるようなしっかりしたコンセプトが必要だったんだと思います」

あまり語られることはないのですが、美魔女たちが活動して得たギャランティの一部は、日本ユニセフ協会にチャリティされることになっています。美魔女が活躍すればするほど、社会にプラスとなるものを還元できる。そんな仕組みも組み込まれているのです。

単なるアラフォーの美人コンテストと思ったら大間違い。

企業活動の透明性が求められる現在にあって、**なぜ存在するのかという社会的な意義は必須事項**です。

コンセプトは「儲けること」です。

よく聞くブラックジョークですが、まんざら冗談でもないでしょ？

私もすべてを否定することはできません。でも私の大好きな寅さんのセリフを借りるなら、**「それを言っちゃあおしまいよ」**なのです。

だからこそ、**新しい市場をつくるときは、ビジネスモデルをつくるときと同じくらい、コンセプトワークに力を注ぐことが大切**です。

そうでないと、今どきのネットユーザーたちからすぐに底を見抜かれてしまいます。

はたしてあなたのプロジェクトは社会にとって必要なのか？

堂々と「必要です！」と言える**バックボーンを構築しておくべき**なのです。コンセプトは声高に叫ばなくても、密かに隠し持っておくだけでいい。それがあれば多少のマイナストレンドにも動じずにいられるというものです。

私は2013年の美魔女コンテストには関わらない立場ですが、第3回の反響も昨年を超えるだろうと予測しています。

すでに2013年のコンテスト協賛スポンサーは、昨年を超えていますし、同時期にはTEAM美魔女から選ばれた選抜チームが、**CDデビュー**も果たします。

アラフォー女性の美による社会貢献が、日本を明るくする。

本気でそう言えるバックボーンが構築されているのです。

あの手この手戦略

美魔女コンテストのメディア戦略は、簡略化して言うと**雑誌メディア**にコンテストとい

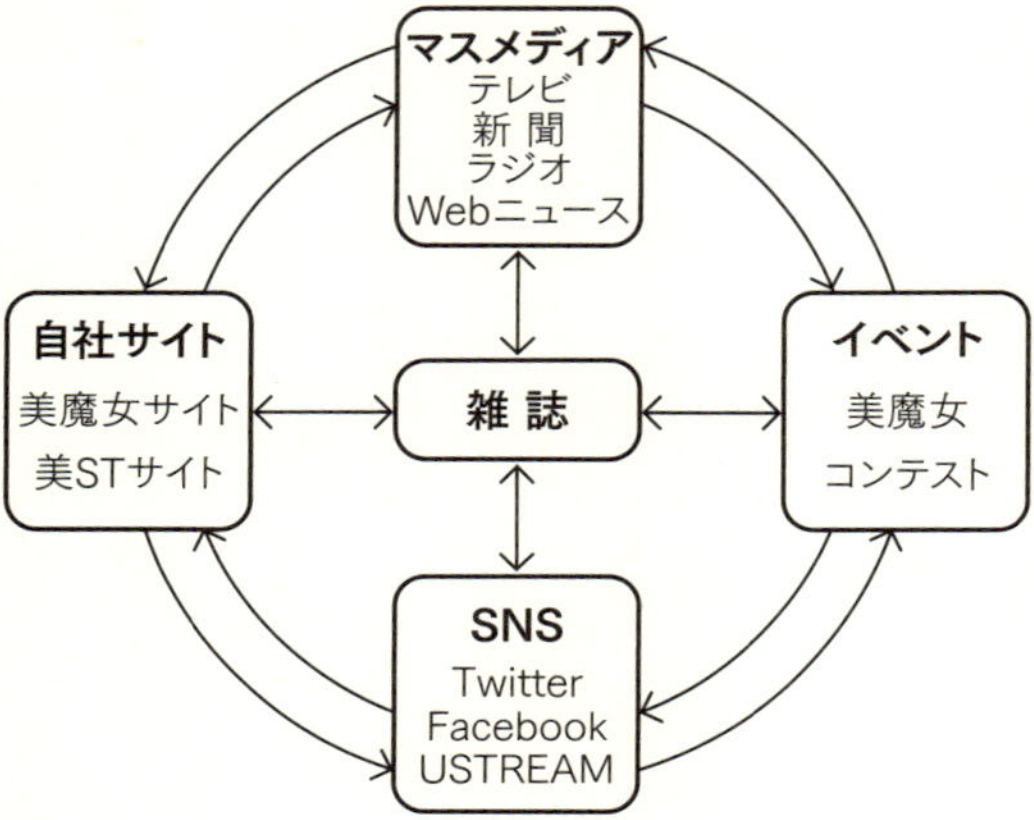

雑誌をコアに発信された情報は、イベント、マスメディア、SNS、自社サイトなどを通じて、グルグルと無限ループになって拡散していく

う**リアルイベント**を組み合わせ、**SNS**でユーザーを巻き込み、**マスメディア**でより広く拡散するというものでした。

SNSでは、コンテストサイトを中心に、ツイッターやフェイスブック、USTREAMでユーザーとの交流をはかり、美魔女ファイナリストたちはブログを使って自己アピールを行う。ユーザーたちはその内容を比べて、お気に入りのファイナリストに投票することができるという仕組みです。

投票は1日1回であれば何回でもすることができるので、グランプリにしたい美魔女がいれば、連日訪れて毎日でも投票をすることが可能です。

投票結果はポイントとして、ファイナルイベントでの審査員ポイントに加算され、グランプリと準グランプリが決定されます。

このユーザー参加の仕組みが、波紋のように広がってイベントを盛り上げることにつながりました。ミクロなコミュニケーションが結束すると、マスの力を発揮できるという好例です。しかしながらミクロの積み重ねだけでは、ここまで大きなウェーブにはならなかったでしょう。テレビや新聞などのマスメディアでの露出もとても重要です。

とりわけテレビの影響は大きく、美魔女がテレビに登場した直後から、サイトのアクセスは急増する傾向がありました。テレビに登場すると、美魔女というコンテンツの細部まではなかなか伝わりませんが、知らなかった人に認知させる力はあります。

そして『美ST』本誌では、美魔女を使った企画をきめ細かく展開することで、美魔女のブランド化をするという役割を果たします。

美魔女コンテストのメディアプロモーションを担当した、株式会社インテグレートの藤田康人社長は、次のように言います。

「雑誌というブランド力と信憑性の高いメディアから〝美魔女〟という話題性のあるキーワードを発信して、リアルのコンテストを開催することで、その話題性を増幅させ、ウェブという情報拡散性と相互性の高いメディアで、読者を投票や書き込みという行為で、コンテストに疑似参加させる仕組みは、まさに今の時代の最先端の統合的なマーケティングコミュニケーションの事例と言えるでしょう」

IMC（インテグレーテッド・マーケティング・コミュニケーション）という言葉を最近よく耳にします。「統合型マーケティングコミュニケーション」と日本語訳されていますが、正直意味不明です。

マーケティングコミュニケーションとは、「ターゲットを納得に導くコミュニケーション」を指す言葉なのですが、それを戦略化して「統合」することを意味します。

ますます意味不明ですか？　私もよくわかりません。

ターゲットとの「接点」（タッチポイント）を探して、複数のタッチポイントに最適なコンテンツとコミュニケーションプランを提供していくことと、一応私は理解しているのですが、タッチポイントごとにどういうコミュニケーションプランを描くかで、説得力は変わってきます。

必然的にいくつかのメディアをミックスしたプランがつくられるため、この言葉が使われる時にはよく、「複数のメディアを統合したプランニング」と理解される傾向がありま す。それは当たらずとも遠からずなのですが、私流に超わかりやすく言うと「あの手この手で伝えよう」ということじゃないかと思います。**美魔女のプロモーションは実は最先端のIMCプランなのです。**

絶対勝てるブランニューの法則

藤田さんのコメントの中に、いくつか大切なキーワードが語られています。

①雑誌という**ブランド力**と信憑性の高いメディア…BRAND
②**話題性**のあるキーワード…NEWS
③**リアル**のコンテスト…REAL
④**ウェブ**という情報拡散性と相互性の高いメディア…WEB

特に大切な太字部分を英語に直して、ちょっと並べ替えます。

BRAND＋REAL＋NEWS＋WEB＝BRNW（ブランニュー）

これがまさに「新しい（ブランニュー）トレンド」を生み出すために必須な4条件です。どんなことにも応用できますし、この4条件がきちんとそろっていたら、大小はあるにしても**必ずブームは起こせます。**

ちょっと私の妄想ラーメン劇場にお付き合いください。

「ラーメン俺」というカリスマラーメン店があります（なんでラーメンの話ばかり出てくるのかは聞かないでください）。「ラーメン俺」のラーメンは、麺が極太を超えた超極太で、細いちくわぶがたくさん浮かんでいるようです。割り箸でつまんでも、一本ずつしか食べられないほど、麺の常識を覆す超極太麺なんです。

行列待ち1時間は当たり前。超極太麺をゆでるのに30分はかかることから、回転の悪いことこの上ない。昼に並んだのに、食べ終えたら夕方になってたなんてエピソードも、すでに都市伝説化しています。

この個性的なラーメンには熱狂的なファンが付いていて、すでにブランド化しています。

「ラーメン俺」に触発された「俺系」と言われる店も全国にたくさんできていて、「俺マニア」の間では「俺系」を食べ歩く「俺の旅」もブームとなっています。

ここに目を付けたラーメン好きのプランナー山本がいました。

一部のコアなファンがつくったマイクロトレンドを、マスに展開してブームをつくろうと企んだのです。山本はこう考えました。

BRNWのうち、B（ブランド）はすでに完成されている。R（リアル）は「俺マニア」の間で流行っている「俺の旅」をイベント化しよう。N（ニュース）は「俺女」という体育会系ラーメン好き美女をスター化しよう。そしてそのスター発掘イベントにW（ウエブ）を使ってユーザーを参加させよう。

『輝けラーメン女子！　俺女の旅』

全国各地の「俺系」ラーメン店で見つけた美女を、ユーザーたちが写真に撮って応募します。超個性的な「俺系ラーメン」とのツーショットです。完食する様子も動画を使ってアップしてもらいます。ギトギト背脂でぎらつく唇など、官能的でもありますね。

普段は混雑した店内のカウンターで、ちらっと横目でしか見られない「美女とラーメン」という取り合わせを、じっくり観察することができます（アクセス殺到間違いなし！）。

すべての女性がダイエットをしているような現代にあって、2000キロカロリーを超えると言われる「俺系ラーメン」を愛する女子は、その潔さと健康美で注目の的です。過剰なダイエットに対するアンチテーゼとしても話題性があります。

マスメディアの取材も次々にくるでしょう。「ラーメン俺」なんて知らなかった人も、知るようになり「オーディエンス」は劇的に増えていきます。

その「オーディエンス」目当てに、ダイエット食品のメーカーにスポンサーに入ってもらって、「食べたいもの食べてやせよう」というキャンペーンをやってもらいます。

一方、ユーザーたちはお気に入りの「俺女」とSNSで交流をしたり、投票したりできます。

このサイトで注目を集めた女子たちは「カロリー無視の俺女系アイドル」としてスター

化をはかっていくこともできるでしょう。
すいません、妄想劇場が止まらなくなりそうなのでこのあたりで止めにしましょう。
こうやってマイクロトレンドは社会現象にまで拡大していくのです。
また、こうして社会現象化するコンテンツの裏に、新しい市場が広がっていきます。
あなたのプランニングに「ＢＲＮＷ」（ブランニュー）はありますか？

PART4
揺るがせているか？
～マーケットをマネタイズするシェイキングメソッド～

理想と現実のギャップ

ＰＡＲＴ２では「絞り込み」（ターゲティング）によってブームをブランディングし、ＰＡＲＴ３ではブームを担うターゲットを様々なタッチポイントで「巻き込み」（エンクロージング）、社会現象化することで、新しいマーケットを創り出す方法をお話しました。

さて、これらを経て、あなたの前には新しいマーケットが生まれつつあります。

次はあなたの創造した市場をどのように**「マネタイズ（収益化）」**するかについて考えましょう。

新しいマーケットで消費を発生させるには、ターゲットを「揺るがす」（シェイキング）ことがベストだと私は考えています。

「揺るがす」とは、ひと言で言うと、「理想と現実のギャップを感じさせ、理想に近づこうと思わせること」です。このときの理想は**「憧れbut手が届かない」**ではなく、**「憧れand遠くない」**でなければなりません。「がんばれば近づけるかも」という理想があれば、現実との間のギャップを埋めようと、そこにマネタイズの可能性が生まれます。

愛知県犬山市在住の山本由紀子さん（仮名・50歳）が、ある日突然**「シャロン・ストーンのようになりたい」**と思っても、妄想レベルに終始してしまうかもしれません。でも「私もがんばって美魔女のようにくびれてみたい」と思ったなら、『美ST』を読んで美魔女が推薦するヤーナリズム（コアリズムの考案者、ヤーナ・クリニッツの腰ふりダンスエクササイズ）のDVDを買ってみたり、ダイエットのためにジャリネア（フランス生まれのカロリーコントロール食品）を1日1食食べたりするかもしれません。

「憧れ and 遠くない」理想ならがんばる気持ちがわいてきます。そこに新たな消費を発生するメカニズムが生まれるのです。

ちょっと話はそれますが、子どもたちの話をします。
私は長男がお世話になっている少年サッカーチームで、コーチのお手伝いをしています。低学年の子どもはみんな元気いっぱいにボールを追いかけて、「本田圭佑みたいになりたい」とか「香川真司みたいにマンUに行きたい」とか堂々と夢を語ります。「今のシュートはすごかったな、メッシみたいだったぞ！」とでも褒めようものなら、ホントに嬉しそうにママに報告します。次の練習では、今度はママから「褒めてもらって喜んでいました」と、お礼を言われたりします。

こうした子どものほとんどは、残念ながら夢を実現させずに大人になっていくのですが、中には夢を実現してしまうすごい子どももいます。

ここにちょっと面白いデータがあります。
2012年、**日本のオリンピック選手の実に73%が第2子**だというのです。長子は20%程度ですから、その約3倍以上です。

プロ野球選手でも一流と言われる選手には次男が多いと言われています。**王貞治、長嶋茂雄、清原和博、イチロー、松井秀喜、斎藤佑樹……。**

サッカー選手でも**三浦和良**が次男ですし、日本代表の要と言われる**遠藤保仁**は次男ではありませんが、鹿児島の地元では有名なサッカー三兄弟の三男です。

遠藤選手は毎朝自宅の庭で、6つ年上の長男、4つ年上の次男とサッカーボールを蹴って、ぜんぜん敵わないのにあきらめずに食いついていたそうです。「憧れの選手はふたりの兄」という遠藤選手にとって、追いつきたい対象は身近な兄だったのでしょう。

私がお手伝いしている少年サッカーチームでも、能力の高い子どもは次男であることが多いように感じます。

ここに先程の「理想と現実のギャップ」理論をあてはめてみます。

長男・長女の「理想」は兄や姉がいないので、テレビで観る「本田圭佑」や「メッシ」になってしまいます。「理想 but 手が届かない」夢です。

でも第2子以降の子どもの「理想」は、身近にいるお兄さんやお姉さんですから、それは「憧れ and 遠くない」目標です。「がんばれば近づける」、ちょうどよい距離感が、「がんばろう！」というモチベーションになります。人は夢が実現することを一度知ると、努力を積み重ねる意味を知り、理想を形にしていく過程で、スタート地点よりもずいぶん遠くの理想にたどりつきます。

「手が届く理想」を手に入れたいと思うとき、人は揺るがされ、消費行動を起こします。

マーケットをつくるときは、この原理を利用し、マネタイズしていきます。

「揺るがす」ために必要な要件とは？

「揺るがす」（シェイキング）ためには、「理想と現実のギャップ」が必要、つまり「理想」と「現実認識」の両方が必要になるということです。

このとき、「理想」へ向かうベクトルを加速するのか、「現実」から遠ざかるベクトルを加速するのかで、そのアプローチは異なります。

そのどちらのベクトルも「理想」に向かって行くのは同じですが、動機づけが全然違うのです。

理想へ向かうベクトルは、「**ああ**なりたい」。

現実から遠ざかるベクトルは、「**ああ**はなりたくない」です。

ポジティブな欲望かネガティブな欲望かという、根源的な動機。

どちらのアプローチでマーケットにアピールするかはあなた次第ですが、大切なのは**「ああ」**の部分をどう見せるかです。

「ああ」とは何でしょう？

理想に向かうベクトルであれば「現実よりもっといい何か」になります。

現実から遠ざかるベクトルであれば、「現実よりもっと悪い何か」になります。

どちらにしろ、**ターゲットを「揺るがす何か」の提示によって、現実から理想に向かって加速させるアプローチをしていく**わけです。

今の自分と自分を取り巻く「現実」には、程度の差こそあれ、不満を抱いていない人なんてほとんどいないものです。

しかしきちんと自らを振り返って「ここがダメだ」と理解する作業はかなりしんどいと言えるでしょう。だから、そのあたりは曖昧にしたまま、人は「なんとなく不満」な状態でいます。


自分を振り返ってみてください。

「なんとなく不満」って感じ、あるのではないでしょうか？

ではきちんと「現実の認識」を促した方がいいのかと言うと、そうとも言えません。

そして**「なんとなく不満」な状態でいてくれた方が、消費意欲は高じるものです。**

「なんとなく不満」な愛知県犬山市の主婦・山本由紀子さん（仮名・50歳）に再び登場してもらいましょう。

由紀子さんは、結婚して25年。ひとり息子も成人して、毎日有り余る時間を持て余しています。子育てが終わったら、こんなこともしてみたい、あんなこともしてみたいと夢があったのですが、いざそうなってみると意外とできないものです。

夫と一緒にモルジブに行く約束は、お互い曖昧にしたままです。実は由紀子さん自身も、夫とふたりきりで1週間過ごす自信がありませんし、部長職の夫は、下がったとはいえ、それなりの年収があるのですが、趣味のゴルフとテニス以外の出費は抑えたいようです。

由紀子さんの趣味はショッピングです。ジャニーズ系の息子が高校生になるまでは、その洋服を上から下まで全部コーディネートしていたほど、洋服が好きなのですが、息子は大学生になってからは自分で好きな格好をするようになったので、今はもっぱら、自分でばかり買ってきます。夫はいつもゴルフやテニスウェアばかり着ていますが、由紀子さんは夫には興味がありません。

本屋で立ち読みした20代向けのファッション誌に出ていた、この夏流行のシャーベットカラーのショートパンツもマーメイドラインのワンピースも買ってみました。でも家に帰って鏡の前で着てみたら、娘のお下がりをもらった若づくりおばさんのようでした。「お似合いですよ」と言った茶髪の店員にちょっと腹が立ちますが、安かったのでまあしょうがないかとあきらめます。そんな、買っただけの死蔵アイテムが、ショッピングバッグに入れられたまま、クローゼットの奥にいくつも放置されています。

由紀子さんは最近軽い更年期の症状に悩まされはじめました。めまいがするし、時々ホットフラッシュもあります。体重も落ちにくくなり、くびれたウエストなんて遠い記憶のかなたです。そんな時、いつものようにテレビを見ながらコンビニスイーツを食べていたら、テレビの通販番組がはじまりました。

今、流行りのグリーンスムージー（緑黄色野菜やフルーツの入ったジュース）をつくるジューサーの紹介です。通常のジューサーだと高回転すぎて熱による酵素の破壊があるのですが、このジューサーは低回転なので酵素が壊れないといいます。これで毎朝手づくりのグリーンスムージーを飲んだら、健康になれるかもしれない。

セレブな雰囲気の料理研究家が出てきて、このジューサーでつくったグリーンスムージーのレシピを紹介します。由紀子さんはこの先生の年齢が、自分よりも10歳も年上と知ってビックリし（A）、「健康じゃないと若くなれないのね」と思います。

価格は12万円もしましたが、今日だけ（B）9万8000円です。

「3万円安いじゃない（ホントは2万2000円）」

そう思った由紀子さんは、さっそく購入の電話をかけました。


気づいたら次の番組がはじまっています。

ダイエット用のEMS（筋肉を弱電流で刺激して運動効果を得る器具）です。お腹に巻いておくだけで痩せるなんてホントかしらと疑問に思いましたが、腹筋がカッコいい外人に惹かれて、なんとなく観てしまいました。

「うちの旦那とは大違いね」

すると由紀子さんと同じくらいの年齢の女性が登場して、この商品を使用する前のお腹を出すのです。ぼよよ〜んという効果音とともに出てきたお腹は、醜くせり出しています。

「こうはなりたくないわ〜」（C）とチャンネルを変えようとしたその時、その女性の使用後の映像が出てきました。なんとウエストがくびれてるじゃないですか！

「ホントに同じ人なの⁉」と驚いた由紀子さん（D）。

ふと自分のお腹を見降ろしてみると……。

「後でキャンセルすることもできるし」と言い訳をひとりごちながら、電話に手を伸ばします。

こうして「なんとなく不満」な由紀子さんの日常は、「揺るがされる」毎日でもあります。そして「揺るがされる」度に、由紀子さんは何かを買ってしまうのです。

さて（A）から（D）の部分に注目してください。由紀子さんが「揺るがされる」様子がわかります。

（A）10歳年上の料理研究家の美しさを見て〝こうなりたい〟と「揺るがされる」

（B）今日だけ安いという限定感に〝買わなきゃ損〟と「揺るがされる」

（C）同年代の醜いお腹に〝こうはなりたくない〟と「揺るがされる」

(D) その人の見事な変身ぶりに〝こうなりたい〟と「揺るがされる」

ほとんどの人はこの由紀子さんと同じ、「なんとなく不満」な人たちであり、そうした人たちが、マーケットを構成します。

通販番組に学べ！

テレビの通販番組はとてもよくできています。

直接手にしてもいない商品を買わせるわけですから、説得力がないものは売れない世界です。したがってその説得力はいかに視聴者を「揺るがすか」をよく研究しています。

たとえば先に挙げた山本由紀子さんのケースでは、それぞれの商品に「実例」が出ています。

ジューサーは「年上のセレブな料理研究家」、ＥＭＳは「同世代の太ったおばさん」です。それぞれの「実例」が由紀子さんの「現実」との比較から、「現実よりもっといい何か」と「現実よりもっと悪い何か」の象徴として登場します。

ここがとても大事です。

「現実」という曖昧な自分の立ち位置は、「他者との比較」からしか実感できません。

今がどういう状況なのか「現実」をリアルに知ることができれば、「理想」とのギャップを正確に測ることができますが、実はこれは意外と難しいものです。

曖昧な自己認識しかできない場合、自分を知るには相対的な関係性から測るしかありません。その関係性を測るために**「実例」**が必要になるわけです。

私も含めてみなさんの自己認識は、あきらかに客観性が欠けるきらいがあります。

「俺って年齢の割に意外とイケてると思うんだよね」

今、私自身の内面に問いかけたらこんな答えが返ってきました（とほほ）。

みんな自分のことが大好きなんです。

たとえば鏡、これがよく嘘をつくんです。

みなさん、鏡を見る時、決め顔で見ちゃいませんか？

自分がいちばんよく見える表情と角度で見ちゃうでしょ？

私もあご周りの肉がたるんで見えて嫌いなので、鏡を見るときは無意識のうちにあごを上げ気味にして見てしまいます。眉毛をちょっと上げるとおでこにしわが刻まれてしまうので、無表情キープです。お風呂上がりの裸の自分も、無意識にお腹を引き締めてしまいます。お腹ぽっこりの自分を知ると落ち込んでしまうからです。

リアルな自分より3割増しの自分を確認してチェック終了です。

うん、意外といい男だ。と、偽りで自分を安心させるのです。

白雪姫の継母じゃないですが、鏡は「自分がまだイケてる」ことを確認するための、精神安定装置だったりします。

つまり、リアルな自分を知りたくないのが人情というものだということです。

ということは、消費者にリアルな自己認識を働きかけても逆効果です。

「あなたはデブですよ。ちゃんとわかってますか？」とか、

「女性でもハゲるんですよ。あなた頭頂部、きちゃってます」とか、遠慮せずに問いかけようものなら、けんかを売っているのと同じです。

先のEMSではリアルな自己認識に代わる象徴として、醜いお腹の「実例」があります。視聴者は「私はここまで酷くない」とちょっと安心しながらも、「こうなったらヤバいからやせなくちゃだめね」で、商品お買い上げという段取りです。

他人の醜いお腹で「揺るがす」効果を演出しているのです。

雑誌などで有名なヘアメーキャップアーティストが、自分で開発したファンデーションを通販番組で売っているのを見たことがあります。

モデルが出てくるのですが50代でしょうか、昔はキレイだったんだろうなあと思わせるような、シミもしわもリアルにある加齢した女性です。

その女性の肌にそのファンデーションを塗るとあら不思議、シミもしわもなかったかのようにキレイな肌に変身！　商品の受注状況を示す表示が、「受付が集中しています」に変わったのは言うまでもありません。

ショップチャンネルのカリスマゲストとして有名な、スタイリストの松島三季さんは、**「揺るがす」コツ**について教えてくれました。

「たとえば私の番組でワンピースを売るとすると、私は番組のはじまる前に、商品のお勧めポイントを10個くらい言えるようにして臨むんです。実際にはそのうちの4つとか5つくらいしか言えないけど、5つ説得力のある言葉、たとえば「利便性」とか「汎用性」とかが言えたら、その商品は爆発的に売れますよ」

ファッションアイテムにおける利便性や汎用性は、たとえば「しわにならないので旅先で便利」とか「カジュアルからお出かけまで使える」とかそういうことです。10個考えるのは並大抵ではありません。

「番組中に実際に言える4つか5つの説得力で、最終的に背中を押してあげるんです。『これなら買ってもいいわね』って思わせないと売れませんから」

また松島さんは、視聴者との接点には自分がなると言います。

「モデルを挟んで私と司会者も同じ服を着るんです。私は視聴者と同じようなスタイルだから『モデルさんだとこんなにキレイに見えますが、私でもこうよ』って。背の低い人、太めの人もこうしたらキレイに着こなせるって、教えてあげるんです。視聴者からは『マツミキさんが着ていると親近感がわきます』って手紙をいただいたりします。現実の視聴者代表として、私がいる意味があるんです」

逆に自分がつくり手になってしまうと逆効果に出るようです。

「自分がデザインからして、素材にもディテールにも思い入れのあるものは、あまり売れません。それよりスタイリストというプロの**第三者的な立場からの発言が説得力**なんです」

通販番組といっても、買う気満々で観ている人ばかりではありません。

商品を売るために一番大事なのはワクワク感だと言います。

「これを着たらこんなに素敵なことがあるわよとか、ドキドキワクワクをお届けしたいという気持ちがなきゃダメです。私自身もテンション上げてキラキラしてないとね。私の番組には合い言葉があるんです。『今からでも変われる！　変わらなきゃ！』。現実の自分自身よりも輝く自分になれるよってメッセージが、視聴者を揺さぶるキーワードなんです」

『今からでも変われるよ！　変わらなきゃ！』

なんて素晴らしいコピーでしょうか。

「なんとなく不満」な人たちを「揺さぶる」にはとてもいいメッセージです。

このひと言で、変わってキラキラしている自分を想像する。

松島さんの勧める洋服が飛ぶように売れる訳がよくわかります。

「なんとなく不満」からマーケットをつくる

このように理想と現実とのギャップを知った時に、消費は発生します。

ただ先述した通り、**リアルすぎる現実は「あきらめ」に直結**してしまうので、**「なんとなく不満」という状態が消費発生のためにはベスト**です。

他者による「実例」を知った時に自分の相対的な位置を知り、それによって「揺るがされ」、理想へ向かうベクトルか、現実から遠ざかるベクトルかを選び、加速させる。これが簡単な**消費発生のメカニズム**です。

ではあなたが生み出したマーケットで、「揺るがす」ためにまず知らなければならないのは何でしょうか。

それはファン（顧客＋オーディエンス）が抱える「なんとなく不満」の内容です。ターゲットの「なんとなく不満」な状況を分析し、ディテールを知ることによって、初めてべクトルを加速させるアプローチができるのです。

『美ST』では美魔女ブームを生みました。

ここには大きなファンの固まりが生まれ、美魔女たちの存在を知るようになりました。

オーディエンスには、『美ST』のコアな読者から、年齢も性別も雑多な様々な人まで含まれ、大なり小なり美魔女に影響されています。ではこのマーケットを前に私がどう「なんとなく不満」にアプローチしたのかを、紹介したいと思います。


美魔女は「35歳以上」が応募資格です。

その「美魔女世代」とも言うべき女性たちが抱えている「なんとなく不満」の中身は、主に加齢にともなう悩みです。35歳を境に女性ホルモンであるエストロゲンの分泌量は顕著に減りはじめます。一生にティースプーン1杯程度と言われる女性ホルモンですが、女性らしい美しさはホルモンの作用によるところ大です。それが減るということは、「女らしさ」が失われてゆくということでもあります。

たとえば、「シミ、しわ、たるみ」は「なんとなく不満」の代表選手です。ある日いきなりシミだらけ、しわだらけになるわけではなく、加齢にともなって徐々に老化していくものですから、不満はスローに募っていきます。

それが「なんとなく不満」の理由でもあります。

そしてその「なんとなく不満」のディテールは加齢にともなって多岐に渡ります。

そこに、美魔女が登場する意味があります。


ここに『美ST』2012年4月号の記事があります。

『もはや医療級！　コンシーラーで私の肌にメス！』と題された記事は、シミ・しわ・くすみなどをコンシーラーを使うことで消すという企画です。この記事に3人の美魔女たちが「シミ」「法令線」「赤み」の実例として登場しています。

この記事では「なんとなく不満」の共感を引き出すために、美魔女が活躍しています。美魔女は、普通はあまり公開したくないすっぴんで登場し、彼女たちの「イケてない素顔」に、読者が**マイナスの共感をすることで、「なんとなく不満」に火が付きます。**

「美魔女だってすっぴんはひどいもの！　私も気を付けなきゃ！」

そう思ってもらって初めて、この記事は説得力を持ちます。

美魔女は「イケてない素顔」を解消するためのメーク法を試し、誌面でその効果を実証してキレイになります。

つまり美魔女は読者の**「リアルな現実」を代弁する存在**であり、**「手の届く理想」の象徴**でもあるのです。


「なんとなく不満」から新しいマーケットを生み出すために一番大事なのは、「なんとなく不満」のディテールを刺激することです。この記事では「シミ」「法令線」「赤み」でしたが、不満の内容はまだまだたくさんありそうです。


また、美魔女を起用すれば、『美ST』の読者だけでなく、広くオーディエンスに拡散することもできます。コンテストというイベントはその点でとても有効なPR手法です。

たとえば『国民的美魔女コンテスト』に協賛してくれる企業は、美魔女を使ったプロモーションを展開することができます。各企業は美魔女を使って「なんとなく不満」需要に対して、様々なアプローチを仕掛けていきます。

たとえば**ワコール**は、第1回国民的美魔女コンテストから協賛してくれていますが、**「おっぱい美魔女賞」**を設定しています。「おっぱい美魔女賞」に選ばれた美魔女は、その後、ワコールのプロモーションに起用されます。「おっぱい美魔女」というネーミングのインパクトもあり、受賞した美魔女はメディアに引っ張りだこになりました。

実は「おっぱい美魔女」というネーミングに関しては、賛否両論ありました。

ワコールでも「バスト」という言い方はしていても、「おっぱい」という表現はかつて使ったことがありませんでした。通常なら「バスト美魔女」となるところですが、私としては「おっぱい美魔女」でいきたかった。PART2で述べたように、「嫌われる」ことも前提の表現じゃないと、残らないと思ったからです。

そこで「おっぱい」という言葉に女性がどんなイメージを抱くのか、簡易アンケートを取って調べてみました。すると意外にも男性が思うよりもずっと健全なイメージでした。

「普通におっぱいって言う」「胸って言うほうがいやらしい」「お母さんの優しいイメージ」など、「おっぱい」を肯定する声が集まってきました。

ワコール広報・宣伝部の猪熊敏博部長は、その時のことをこう語ります。

「美魔女は通常のモデルよりも、リアルに現実の消費者に近い位置にいます。会社を説得する時にも、『美魔女というリアルな存在を使うのだから、バストという呼び方よりも、リアルな方がいい』と言ってわかってもらいました。結果的に消費者からのクレームは1件もありませんでした」

カゴメもラブレという植物性乳酸菌飲料のプロモーションで美魔女コンテストに協賛してくれました。腸内でも生き続ける強い植物性の乳酸菌の、夜飲むと朝快便があるという効果を訴求するためです。そこで出てきたアイデアが、**「うんち美魔女」。**便秘がちの女性にとって、毎朝あるべきものがあるという状態は健康そのものです。しかし「うんち美魔女」はちょっと臭ってきそうで健康美を感じさせないと、賛否両論というよりも否一論状態でした。結局は**「腸美魔女」**というネーミングに落ち着いたわけですが、これはこれでかなりカルトな美魔女となりました。

美魔女という言葉はとても便利で、頭に「○○」を付けてしまえば、たいていの言葉は収まりがついてしまいます。たとえば今、私の周りを見回してみて、目につくものを付けてみます。

パソコン美魔女（仕事ができそう）
マグカップ美魔女（なんだかオリジナルの健康法を持っていそう）
洗濯美魔女（キレイ好きで好感度が高そう）
新聞美魔女（知性が高そう）

こんな感じにとても汎用性が高いことも、様々な場面で「美魔女」というコンテンツが活躍できる理由のひとつになっています。

ワコールに話を戻しましょう。

面白かったのは「おっぱい美魔女」の選び方でした。

普通に「おっぱい美魔女」という言葉からイメージするのは、おっぱいが大きくてキレイな美魔女じゃないかと思います。でもワコールが選んだのは決して巨乳の美魔女ではありませんでした。中には人工的（？）とも思えるほどの美乳の美魔女もいたのですが、逆に標準を大きく超えるおっぱいは避けているようでした。

そのあたりに伝統のある下着メーカーの知見があるように思います。

日本女性の標準的な大きさを超えるバストの持ち主を選ぶと、消費者との接点を失う可能性がある、という配慮なのでしょう。第1回も第2回も選ばれた「おっぱい美魔女」はどちらかというと大きくはない普通のおっぱいの持ち主でした。

「おっぱい美魔女」は『美ST』誌面で、バストの加齢（エイジング）ケアの大切さと、きちんとサイズの合ったブラジャーを着用することの大切さを訴えます。

加齢現象によって下垂してきた「なんとなく不満」なバストを、ブラジャーによってもっとキレイにしようというアプローチです。

先の猪熊部長は、美魔女起用は効果があったと言います。

「おっぱい美魔女は普通のことを普通にきちんとすることで、キレイを保っている人がいいなと思って選びました。

バストの変化は30代後半からはじまる。でも一度崩れてしまったバストは元に戻らないから、きちんとサイズの合ったブラをお店で試着して買う習慣をつけようというのが今回のキャンペーンでした。

美魔女が誌面でバストの加齢について学んだり、サイズの合うブラを付けてスタイルがよくなるなど、読者に代わって体験してくれたことで、とても説得力がある気づきを与えてくれました。美魔女は等身大だから、リアルに伝えることができるし、キャンペーンは大成功でした」

今までどちらかというと、デザインやプライスばかりで選ばれていたブラ市場にあって、**購買行動をシフトさせることに成功**したのです。中高年女性をターゲットにした「アンチエイジング市場」への参入に、「おっぱい美魔女」は最適の「実例」でした。

努力をして美しいおっぱいをキープするお手本として、「なんとなく不満」な消費者に気づきを与えたのです。

また2012年には「美魔女ブラ」として美魔女たちがセミオーダーしたブラジャーを発売し、より幅広い層にタッチポイントを増やしていくなど、ワコールとのコラボレーションも多面的な展開を見せています。

美魔女は「なんとなく不満」を超え、加齢による「老い」も、努力によって若さと美しさをキープできることを実証したお手本です。つまり彼女たちの存在自体が、「私もがんばらなきゃ」という気づきを与える存在だということです。あとは、いかに具体的に「揺るがすか」という問題です。

第2回コンテストでグランプリを獲った山田佳子さんは、46歳にはとても見えない若さと美しさで、授賞の際に私が思わず**「奇跡の46歳」**と言ってしまったほどです。

彼女は**POND'S**のクリームクレンジングのキャンペーンキャラクターとして、全国放送のコマーシャルにも登場しましたから、ご覧になった方もいるかもしれません。

クレンジングはメークを落とすためのものです。ですから、すっぴん状態での美しさが彼女を起用した大きな理由でもありました。

POND'Sを発売しているユニリーバ・ジャパンのスタッフは、事前に美魔女たちのすっぴんをチェックして、「すっぴん美魔女」として山田さんを候補にしていました。その山田さんがグランプリに選ばれたのですから、スタッフの選択眼には確かなものがあります。

山田さんがPOND'Sのキャラクターに選ばれたのは「すっぴん」の美しさはもちろんですが、やはり46歳という年齢にあります。この美しさが36歳だったらきっと驚きや共感は呼び起こさなかったはずです。「36歳だったらこれくらい普通にいるよね」と。

でも46歳という年齢は「揺るがす」効果があります。「46歳なの！　うそ、すごい！」と思ってもらえれば思うつぼです。**「私もがんばらなきゃ」と消費が発生する**わけです。

ワコールの「おっぱい美魔女」もPOND'Sの「すっぴん美魔女」も共通するのは、消費者との接点づくりの巧みさです。それは「普通のバスト」や「46歳」というある種の「ハンディ」への共感と、それを克服した「美」に対する賞賛です。

これがモデル級の10点満点の美女だったら、共感はなく消費者は自分事化することができません。自分との共通点を見出せるからこそ、美魔女の存在意義があるのです。

ともすると10点満点の理想を掲げてしまいがちですが、**「現実」が5点だったとしたら7点～8点程度の理想を見せること。**このマイナス2点～3点の引き算がとても大事なのです。「私でもがんばれるかも」と思わせるからです。

誰もが「なんとなく不満」な状況だからこそ、「揺るがす」アプローチを仕掛けるのです。

ちょっとここでぶっちゃけ話をしてもいいですか？

美魔女って、けっこうブスなんです。

あーあ、言っちゃった。でも美魔女よりキレイな人って世間にたくさんいますから。
こう言うと、お叱りの声が聞こえてきそうですが、そこが一番大事と私は思っています。
彼女たちは「努力する普通の人たち」なんです。

普通の人は、持って生まれた美しさを持つ人には敵いません。
10代、20代の若いころはなおさらです。でも20代で美しかった人がずっといつまでも美しいかというと保証の限りではありません。逆に美女の油断というものがあって、美しさに胡坐《あぐら》をかいていると、いつの間にか「ザンネンな元美女」になってしまいます。加齢という老いとの闘いは、美女であっても等しく訪れるのですから。

加齢が顕著に現れるのは35歳からと言われています。女性ホルモンの分泌量も、この年を境にどんどん下がっていきます。シミだのしわだのたるみだの、お肌の衰えもこの年代からの悩ましい症状です。それは美女も普通の人もそれ以下の人も、みんな一緒。平等に訪れる「老い」という現実です。となるとこの年代以上で若く美しくあるためには、加齢に立ち向かう努力がなければなりません。

「私はあるがままの自然な自分でいいの」という人もいますが、それは具体的に言うと、「おでこのしわや頬のシミもあるがままの自分」を受け入れられるかどうかということです。

今の時代、それは難しいでしょう？　努力すればシミやしわを消すこともできるのに、何もせずに放置しておくには、修行に近い無常感が必要です。

外見も内面と同じか、それ以上に評価される現代にあって、「美」はとても説得力のある自己表現です。ビジネスでも私生活でも「美」がプラスに作用するシーンはたくさんあるはずです。つまり「美しくある」ことが美徳であるとも言えるのです。

そんな時代にあって「美を解放」したのが美魔女です。

かつては美人の専売特許であった「美」を、一般大衆の手に取り戻した存在なのです。

美人じゃなくても美人になれる！

それを具現化して見せているのが美魔女たちというわけです。


実際彼女たちの「美しくなる」ための努力は尋常ではありません。

たとえばグランプリの山田さんは、毎朝5時に起きて、氷を洗面器に浮かべた水で洗顔をします（真冬でも！）。そのあとあったかい蒸しタオルで温めた後、化粧水のパッティングを1時間！「すっぴん美魔女」たる理由はこの努力にあったのです。

彼女以外の美魔女たちも美への努力は鬼気迫るものがあります。

表情筋を鍛えるために毎朝1時間「変顔体操」（文字通り変な顔をするんです）をしたり、女性ホルモンアップのためにアルゼンチンタンゴを習ったり、紫外線対策のために全身黒づくめの格好で外出したり……。ちょっと笑えるものもあります。

でもそのすべてが「美人じゃなくても美しくなれる」証明でもあるのです。

「美人じゃない」彼女たちだからこその説得力です。これにターゲットは「揺るがされ」

ます。

ドコモとエイベックスがやっている「BeeTV」という携帯放送局があるのですが、そこで**『美魔女たちの美容テクニック』**という番組を放送しています。

放送開始当初からとても好評で、予想をはるかに超えるたくさんの視聴を得ています。

ここでも同じです。彼女たちが美しくなろうと一生懸命に努力する姿が、視聴者を「揺るがし」ます。

その他にも美魔女の活躍の場はどんどん広がっています。

先述した通り、CDをリリースすることも決まっています。TEAM美魔女の中から選抜された8名がユニットを組んで、ポニーキャニオンから歌手デビューするのです。

ポニーキャニオンのコンセプトは**「最年長のアイドル」**。

私も音源を聴きましたが、非常に完成度の高い楽曲で、プロモーションがはまればヒットの予感がします。美に特化した存在だった美魔女が、お茶の間に本格進出です。

その狙いをＴＥＡＭ美魔女のマネージメントをする、美魔女事務局の森口康成代表は次のように語ります。

「ＴＥＡＭ美魔女は単なるタレント的な活動じゃなくて、同世代の女性たちの代表として、積極的にメッセージを発信していきたいんです。そのためのメディアとして、今回のＣＤもあれば、本や映像もあると考えています。美魔女と同世代の女性たちが、カラオケに行くと、80年代や90年代の歌ばかり歌っているんです。そんな彼女たちに、今、共感して歌える歌があると知ってもらいたいですね。１回聴いてもらえれば、すぐに歌いたくなると思いますよ」

美魔女たちが華やかに活躍すればするほど、同世代の女性たちは刺激を受けます。美魔女の歌をカラオケで歌えば、ひと時の夢も共有でき、ここでもまた「揺るがされ」ます。

「みんな一緒」が消費を生む

『美ST』の誕生によっていくつもの価値観の転換が起こりました。

たとえば美容医療が市民権を得たこともそうです。

かつては「美容整形」という呼び方で、顔の造作をつくり変えるようなマイナスイメージを強く感じさせましたが、今はメスを使わずにレーザーや注入などによる「プチ整形」が一般化してきたため急速に普及してきました。

「もう美容医療はスキンケア」という特集を打った号は、特に大きな反響がありました。

それまでの美容医療は日陰の存在でした。

私が編集長をしていた『STORY』でも、ずっと美容医療の連載をしていたのですが、やはりマイナーな存在で、本当は知りたいけど人に聞けない情報を伝えている、というページでした。ところが今や「スキンケア」という日常のメンテナンスと同レベルだというのですから、飛躍的な一般化と言って差し支えないでしょう。

「揺るがす」ために必要なのは、「実例」だと美魔女を例に説明しましたが、もうひとつ効果的なファクターがあります。

なんだと思いますか？　それは、**「本当はみんな知ってる、やってる」という共有感と、「乗り遅れちゃう」という強迫感です。**


美容医療の特集はまさにその論法で記事がまとめられ、たくさんの読者たちが登場して、かかりつけの美容皮膚科を紹介したり、ライターたちがレーザーや注入に挑戦する様子が紹介されました。そのボリューム感はまさに「みんなやってるんだ」という実感が得られるほどのもので、紹介したクリニックには『美ＳＴ』の読者が殺到したほどです。「みんながやってるんだ」と思えれば、クリニックの敷居は低くなります。そして「私もやってみよう」となるわけです。

ただし注意しなければならないのは、美容医療が**流行っているという状況が本当にないとダメ**なところです。「みんながやってる」とあおっても現象がなければ、説得力もありません。
すでにマイ美容皮膚科を持っていることが当たり前になりつつある状況と、施術を受けていることを隠さなくなりつつある状況とがベースになければ成功しなかったのです。

かつての日本はこの「みんながやってる」で次々にブームが生まれました。

私が大学生だった80年代前半には、女子大生たちはみんな「フクゾーのシャツに巻きスカート」、「ロングソックスの足元にはミハマの靴」、そしてバッグは「キタムラのショルダー」というういわゆる「ハマトラ」ファッションで着飾っていました。
「ハマトラ」とは横浜トラディショナルの略で、横浜山手にあるフェリス女学院の生徒たちが、地元元町であつらえたファッションに身を包んでいたのを、ファッション誌『JJ』が取り上げブームとなったものです。横浜のそれも山手という一部地域でのブームが、日本中の女子大生を巻き込むブームになるなんて、まさに「みんながやってる」から生まれたブームです。

当時はほんとうに制服のようにみんな同じファッションだったなんて、今どきの若者には想像できないかもしれません。なんだか私も歴史の1ページに立ち会った証人になったような気分です。もう30年も前のことですね、考えてみれば。

人といかに「違うか」に価値を置く現代のファッションと比べて、当時はいかに「違わないか」の方に力点がありました。「遅れてる」と思われたくなかったのです。結果として「みんな一緒」であることに安心していたという、ある意味牧歌的な時代風景があったのです。

ここでちょっと思い出話をさせてください。

大学に入学した年の冬、スキーに行きました。

私の大学は流行に敏感な女子大生が多くいることで有名な、大して頭の良くない学校なのですが、そんな女子も含めた何人かの友だちと志賀高原に行ったのです。アルバイトをして貯めたお金でスキーウェアとスキーを買って、重いのに必死に担いで新宿発の夜行バスに乗りました。

翌朝、ウェアに着替えて集合。私のスキーを見た女子のひとりがこう言いました。

「ゆきくんもロッシなの～？　私たちも～」

見るとほかの3人か4人もロッシの板を担いでいます。

「ロッシ」とは**「ロシニョール」**というフランスのスキーメーカーのことで、ニワトリのマークが、ワンポイント好き（フクゾーはタツノオトシゴ）な女子大生のハートをつかんでいたのでした。

「ゆきくんも**ジロー**で買ったの？」

「お茶の水のヴィクトリアで買った」

ここで会話は終わってしまいました。「ヴィクトリアで買うなんて、終わってる」という感じでしょうか。

スキーショップジローは外苑西通り沿いにある、インポート専門のオシャレなスキーショップで、当時の女子大生たちの憧れでした。30年後にジローの息子が酒井法子と結婚して覚せい剤で逮捕されたという話は、ずいぶん不幸な後日談です。

当時の私はジローなんて知らなかったし、ロシニョールを買ったのもヴィクトリアで一番安いセットスキーだったという、ただそれだけの話なのですが、なんとなく「俺って遅れてる?」と思ってしまったのを覚えています。

「みんな一緒」がスタンダードだと、どうでもいいような微差がとても大事になってきます。そんな微差にこだわる時代だから、ファッション誌が飛ぶように売れたわけでもありますが。

現代の女子大生たちも「みんな一緒」は変わらないように思います。

ただ30年前と違うのは、「みんな一緒(に競争から降りよう)」ということです。競うことをやめてしまった彼女たちは、「がんばってるファッション」は逆に「イタイ」と評価します。

先日22歳の社会人1年生女子に話を聞いていたら、こんなことを言っていました。

「ブランドのバッグは欲しいけど、持っているとイタイと言われるから、無理して買う気にはなれない」

突出すると引きずり降ろされる感覚でしょうか？

これを聞くと、バブル崩壊の真っただ中に育った「ゆとり世代」が、新たな消費を生み出していくことは、あまり期待できないように思います。

「みんな一緒」でマネタイズする

「みんな一緒」が推進力になって消費を発生させるためには、「みんな」を実感できるコミュニティが形成されていなければなりません。80年代の「女子大生」たちには、結束力の強い大きなコミュニティを生み出すだけの一体感があったことになります。

現代に存在する「みんな」は80年代より小さくなって、あちらこちらに分散しています。

それでも**結束力の強い「みんな」がつくれれば、そこをコアに消費を発生させ、広く「ファン」全体に広げていくことも可能**です。

たとえば『VERY』がブリヂストンとコラボして発売した**電動アシスト自転車**は、いわゆる「ママチャリ」のデザインが許せなかった『VERY』ママたちのコアな支持を得て、今や『VERY』を読まない層にまで大人気の車種となっています。

東京の湾岸・豊洲エリアは、オシャレな高層マンションが立ち並び、「VERYママ」たちが多く生息することで知られています。運河に囲まれたこの街は、どこに行くにも橋を渡らなければならず、元々電動アシスト自転車の需要大です。幼い子どもと買い物の荷物を満載して橋の傾斜を登るには、電動アシストじゃないと無理だからです。

実際オシャレなカフェの前に停められた自転車は、ほぼすべてが電動アシスト自転車で、このところ「VERY自転車」の比率は驚くほど高くなってきています（このあたりは筆者が豊洲在住なのでチェック済み）。

ちょっと話は脇道に逸れますが、豊洲の高層マンションでは、階層によるママコミュニティのクラス化が行われています。

たとえばあるマンションでは20階以上とその下の階ではママ友が違うというのです。マンションは1階違うと100万円くらい価格が高くなっていきますから、20階より高層階に住んでいる世帯は、必然的にお金持ち率が高くなってきます（ちなみにわが家は6階です）。このあたりが微妙な価値観のズレを生み、セレブママたちは「みんな一緒」で結びついているというわけです。

『VERY』はそんな「普通とは違う」オシャレなママたちの熱い支持を受け、誌面はママたちの共感と憧れで溢れています。彼女たちのオシャレな生活の中の大きな不満は、「ママチャリがオシャレじゃない」ということでした。

『今のママチャリに不満がある……91・5%』（2011年3月号）

というタイトルでブリヂストンと電動アシスト自転車の開発がはじまりました。

このタイトルそのものが「みんな一緒」を表しています。

この後「みんな一緒」の価値観を元に長期間を経て開発された「VERY自転車」が、あっという間に売り切れてしまったのも当然です。

「マクラーレン」のベビーカーにバレンシアガのバッグを引っかけて、カフェでお茶していたママたちが、「普通のママチャリ」には行くはずがないと見抜いていた編集部の見識は素晴らしいと思います。**「みんな一緒」がブームを呼んだ好例**でしょう。

さてここから再び妄想劇場に付き合っていただきましょう。

BRNW《ブランニュー》のマーケティング理論によって、行列のできる繁盛を続けている「ラーメン俺女」ですが、「俺女」の流行もひと段落してきた感があります。それでも男しかいなかった店内には、「俺女」と言われる女性ファンが3割ほど常時いるようになったのですから、大成功と言えるでしょう。それでもプランナーの山本は次の一手を考えていました。

表参道への新規出店です。「俺女」の流行が冷めないうちに、事業拡大を狙った出店計画に、何かプロモーション案をという依頼がきていたのです。

表参道店は「ラーメン俺女」といって、最初から女性ターゲットです。このあたりはファッション関係の会社が多く、ラーメン好きの女性が多く見込めそうだからです。

それでも何かもうひとつアイデア足りないのではないかと、山本は悩んでいました。

そんな時、表参道の坂道をオシャレな電動自転車に子どもを乗せてすいすい登って行く、『VERY』なママに遭遇しました。「今どきのママチャリはオシャレになったもんだなあ」と漠然と思っていた時、ふと最近店内でよく見かける幼児連れのママたちを思い出しました。

ママたちはつけ麺の大をひとつ頼んで、子どもと分け合って食べていました。

「俺のつけ麺」は麺の分量が、普通で300グラム、中で400グラム、大で500グラム、特で600グラムです。どれを頼んでも値段は一緒なので、大食いの男性には嬉しいサービスです。

普通女性は300グラムか400グラムでお腹いっぱいになってしまうので、500グラムくらいを頼めば、子どもと分け合ってもお腹いっぱいになります。なおかつ値段は1杯分ですから、とてもお得です。ただ問題はつけだれが1杯分しかないので、小どんぶりをもらって子どもと分けてしまうと、ちょっと足りなくなることでした。

こんな「ちょっと肩身の狭そうな」ママたちがたくさんいることに山本は気づきました。

「まだ顕在化していないこのラーメン好きのママたちを、ターゲットにできないか？」

一度山本は子連れのママに聞いたことがあります。

「もっとオシャレなところでランチとかがいいんじゃないの？」

するとそのママはこう答えたのです。

「ママだってがっつりラーメン食べたいって思う人多いですよ」

「これか！」と膝を打った山本は、表参道店をオープンするにあたり、こんなキャンペーンを打ち出すことにしたのです。

「ママだってがっつりラーメン食べたい！　平日14時〜17時までは『俺ママランチタイム』。お子さん用つけだれサービスします！」

もともと12時から14時までは勤め人が大勢つめかけて、子連れは入りにくい時間帯です。14時以降なら子連れもゆっくりできるし、客足のやや途絶える14時〜17時という時間帯の増強策としても悪くないアイデアです。

効果はほどなく出てきました。14時以降の子連れママの来店が、どんどん増えてきたのです。

次に山本は、ママたちと子どもの写真を撮り、メッセージ付きで壁に貼っていきました。

「久しぶりに俺女に戻りました。ラーメンがっつり超満足！」

「うちの2歳児もさっそく自分のことを俺って言いはじめてます」

「こんな、ママに優しいラーメン屋さん、待ってました」

壁の写真が増えるほど、こんなに大勢の「俺ママ」たちがいるのかと、量で見せることができます。そこに書かれたメッセージは「みんな一緒」の共感性に訴える効果があります。ウェブなどの双方向性メディアでは、「書き込み」「口コミ」という個人発の情報発信によって「共感性の広場」をつくることができます。

壁のメッセージは「自分と同じようなママたちがいる」という「共感性の広場」づくりに貢献しているというわけです。

ママはママを呼び、いつのまにか14時以降はママ専用の様相を呈してきました。

表参道店はもともと女性向けのインテリアでオシャレにしてあるので、ランチ会もできる雰囲気があります。ただラーメンはつけ麺であってもすぐに伸びてしまうので、おしゃべりしながら楽しむにはちょっと向いていません。

そこで前菜として「湯むきトマトのまるごと俺サラダ」を出してみました。

デザートには「俺のプリン」を出して、1000円のセットとして提供してみました。

前菜と食後のデザートでゆっくりおしゃべりしてもらって、ラーメンはがっつりと食べることに集中してもらおうという考えです。

狙いはズバリ的中して、表参道店は周囲の店がアイドルタイムなのに、この店だけは「俺ママランチ」で常にいっぱいになったのです。

山本は知り合いのママ雑誌のライターに頼んで取材をしてもらいました。

「ママたちのラーメン女子会、解禁！」

記事はそんなタイトルで、「俺ママ」たちのブームを伝えていました。

本当はみんなラーメンを食べたかったけど、小さい子どもがいるとお店に入りづらい事情があったことを記事は伝えていました。

その記事がきっかけでますますママたちが押し寄せてくるのでした。

このプロモーションのポイントは「みんな一緒」を刺激することにあります。
そのためには以下の要件を満たしていなければなりません。

①「みんな」の潜在的な欲望を感じ取れていること
②「みんな」の共感が集まる場があること
③「みんな」を動かす魅力的な商品があること
④「みんな」でなら乗り越えられる「壁」があること

実際はどうだったでしょうか？

①みんなに「ママだってがっつりラーメン食べたい」という欲望があった
②店内に貼り出されたママたちの写真とメッセージで「共感の広場」ができていた
③「みんな」が欲しかった、ママ女子会向けのつけ麵を中心にしたコースをつくった
④「子連れでラーメンなんてタブー」という「みんな」にとっての「壁」があった

と、小さなプロモーションながら「みんな一緒」を刺激する要素が揃っているのです。ここに至るまで語っていませんでしたが、この4要件の中に大切な要件があります。それは、

「壁」があることです。

現実と理想との間にある**障害**のことです。

「赤信号、みんなで渡れば怖くない」というギャグと同じで、**乗り越えたい障害があった方が、「みんな一緒」の力が発揮される**のです。

それはたとえば、『美ST』の美容医療（ちょっと怖いけどみんながやってるならやってみたい）や、『VERY』の電動アシスト自転車（ちょっと高いけどみんなが欲しいものだから買っちゃおう）も「壁」があるからこそ、「みんな」という、実際は曖昧な母集団の力が役に立つのです。

以上、理想と現実の間で「揺るがす」（シェイキング）ことによって消費を発生させるということ。その時、私たちの曖昧な現実認識の代用としての「実例」の役立て方と、後

半は「みんな」という母集団の持つ力の作用のさせ方について語りました。

どちらを考察していても思うのは、日本人は曖昧な相対性の中で、物事を判断したがる民族だということです。

よく言えば**柔軟性がある。**悪く言えば**流されやすい**とも言えるのかもしれません。

あるいは、よく言えば**団結力がある。**悪く言えば**個としての判断力がない**とも言えるでしょう。

その日本人のいいところと悪いところは、すべて歴史が証明してきたことでもありますし、私個人を振り返ってみても、ホントに日本人だなあと思うことが多々あります。

マーケティングについて私は研究者ではなく、実践者としての立場から論述させていただきましたが、その曖昧な立場から最後に発言させてもらえるなら、説得力のある**「日本人のためのマーケティング論」**が書かれるべきではないかと、強く思っています。

この章で見てきたように**「揺るがす」マーケティングに必要なのは「理想と現実」**です。

「理想」に向かう消費のベクトルをどう加速させるかは、「手が届く理想」を提示するか、

「逃げたい現実」を見せるかどちらかしかありません。

しかし、この「現実」に対する認識が日本人の場合「曖昧」なのです。

「曖昧な私」と価値観を共有できる他者（たとえば美魔女）の努力やがんばりに「私もがんばらなきゃ」と思ったり、「曖昧な私」が共感する母集団（例えばＶＥＲＹママたち）の「みんな一緒」に「私も買おう」と思ったりと、**相対性の海の中に漂いながら消費しているというイメージが強い**のです。


ひと昔前だったら「以心伝心」。

最近なら「空気読め」。

日本人が自分を包む人間関係の中で「個人の意志」よりも「集団の意志」を優先してしまうのは、今も昔も大きく変わってはいないように思います。

基準となるのは、その集団の中で、自分がどういうポジションにいるのかということ。

もしかして私、浮いてない？

俺ってＫＹ？

ということです。

ファッション誌の編集をずっとやっていたからわかるのですが、企画の基本はいつもTPOに合わせた着こなしの提案です。

「学校行事服『あのママ素敵！』と言われるスーツの着こなし」とか、「職場に復帰！『はじめまして』の好感度服」とか。

やっている内容は「紺のスーツもストライプはNG」とか、「さりげなくルブタンででき る女を主張」とか、こう言ってはなんですが、どうでもいいような微細なディテールにこだわっていたりします。

目立ちすぎても嫌だし、埋没したくもない。

「集団の意志」を逸脱せずに「個性」を発揮するという、とても微妙で難しいテーマを背負っているから、ディテールの勝負になってしまうのです。

このように私たちの日常は「集団の意志」のありどころをはかりながら、自分の立ち位置を微妙に変える毎日です。

「欲望」とは「個」の存在そのものから発するものです。

相対性の海に漂う「曖昧な私」は自分の「欲望」を明確に言語化できません。

つまり何か「よくわからないもの」に突き動かされて生きている存在なのです。

そんな「曖昧な欲望」を持った「個」の集合体である母集団の中には、膨大な「言語化できない欲望」が渦巻いています。

そんな大多数の欲望と通底するような「言語化できない欲望」を発見した時に、私はメガトレンドを生む根源的なヒントを摑めるのだと思っています。

「言えない欲望」は氷山の一角です。その水面下には巨大な「言語化できない欲望」があります。それを顕在化させることこそが「時代」を切り取ることにほかならないのです。

さあ「言語化できない欲望」を探す冒険に出かけましょう。

あとがき

2011年3月11日。東日本大震災。

震災当時、私は『STORY』と『美ST』2誌の編集長を兼任しており、その1カ月後には「『STORY』・『美ST』ボランティア隊」を結成して、石巻の被災地へ入っていました。ヘアメークやエステティシャンのボランティアたちと、たくさんのコスメ用品を大型バスに満載し出向いたのですが、着いた避難所では、顔を潤す化粧水さえない女性たちがいました。

私たちの配るコスメは飛ぶようになくなって、普段雑誌で活躍しているカリスマヘアさんやエステティシャンの前には長蛇の列ができました。

まだがれきのうず高く残る校庭の片隅には、桜の花が咲いていて、子どもたちはシャボン玉を飛ばして遊んでいました。

生きることに精いっぱいの状況の中で、人々は一生懸命に、かつてあった日常を取り戻そうとしている。私たちボランティア隊は、その後半年間、毎月一度通い、胸の詰まるような思いを重ねながら学んだことがありました。

人のためは自分のためだということを。

人のための贈りものが、自分への贈りものになっていると。

あの時、私たちの心の中のスイッチは、カチリと音を立てたまま、大きな変革の時を迎えたのを実感しています。

この日を境に、日本人はどう変わったのか？

マーケットを知ることによってビジネスをしている人だったら、そのことを注意深く観察していなければなりません。

震災以前と震災以後とでは、この国に住む人たちの内面世界は、何も変わらず同じであるはずはないのですから。


私自身の変化から語りましょう。

まず、今生きていることに感謝するようになりました。

家族がいることに、仕事があることに、日々の小さな幸せに。

「絆」という言葉はごく自然に実感できるようになりました。

コンビニでお釣りの小銭をチャリティボックスに入れるようになりました。

環境問題がとても気になるようになりました。

携帯のガイガーカウンターを買って周囲の放射線量を測ったり、生鮮食品を買う時に産地が気になるようになりました。

水道水をあまり飲まなくなりました。

その一方で自然にもっと触れようという気持ちが強くなりました。でも家族で行ったスキー場が、ホットスポットであることを知り、暗澹たる気持ちになりました。

以前よりも新聞を熟読するようになりました。

節電するようになりました。

企業の透明性がとても気になるようになりました。

モノよりココロ。買うときは選んで買うようになりました。


こうして羅列してみると、見えてくる変化があります。

それは、「絆」「環境」「社会貢献」の3要素です。

家族やコミュニティとのつながりを大切にし、環境問題を自分ごととして切実に感じ、できれば社会に何かしらいいことをしたいと考え、消費においてもエシカル（倫理的）なものを選びたいと思う。

私自身の変化は、きっとこの社会の変化でもあると思います。


そしてその変化は私の人生も大きく変えることになりました。

2012年7月31日、私は26年間勤めた光文社を退社しました。『STORY』の編集長を6年、『美ST』の編集長を3年務め、兼任時代も含め通算7年に及ぶ編集長としての職務を置いて、依願退職をしたのです。50歳にして立つとは、ちょっと遅きに失した感もあるのですが、私には明確にやりたいことがありました。


会社をつくりました。新しい時代の出版社です。

会社名は「gift（ギフト）」といいます。

私たちのつくる「贈り物（ギフト）」が誰かの幸せとなることを願ってつけました。

やりたいことは雑誌編集で培ったブランディング力で、コアなムーブメントをつくること。そしてそのムーブメントを雑誌だけでなく、様々な媒体を通して社会現象化し、その先に新しいマーケットをつくり出すこと。


そうです、この本に書いてあることをそのまま実行に移すための会社です。

「gift」の考えるメディアプランはすでにいくつもあります。

その中で来年春に創刊予定の、新しい女性月刊誌のマーケティングについて語ることで、この本を終えたいと思います。

ちょっと長いあとがきになりますが、お付き合いください。


女性月刊誌の編集をずっと続けてきたという私のキャリアは、「40代女性」のスペシャリストと言ってもいいものです。「40代女性」に関することは美容もファッションも生き方も、ほぼすべてやりつくしてきたという実感があります。

そんな私でも、のどの奥にずっと小骨が刺さっているようなコンテンツがあります。

それは「40代独身女性」を救えていないという実感です。


「40代女性誌ジャンル」の中で「40代独身女性」は空白地帯。

彼女たちを明確に意識して設計された雑誌は、実は存在しないのです。

10代から50代まで、あらゆる階層の女性たちに向けて雑誌が細分化された現在にあっても、「40代独身女性」層はミッシングリングと言ってもいい、女性誌のなぞの空白地帯です。たとえば、『GRAZIA』、『Domani』、『Precious』という主にキャリア女性をターゲットにした30代〜40代の雑誌があります。しかしそれらは「キャリアファッション誌」であって、未婚であることがポジティブに語られることはほとんどありません。

どちらかというとまだ「結婚という幸せ物語」の途上で、痛い腹は探らないという状態でしょうか？　そう「40代独身女性」は「結婚という幸せ物語」の文脈では語れない女性たちなのです。

今回のプロジェクトをプランニングするにあたり、かなりの数の独身アラフォー女性たちに、次のような質問を投げかけました。

「自分の雑誌と思って読んでいる雑誌はある？」

答えはほぼ100パーセント、「NO」でした。

「『VERY』のファッションページだけ読んでいる」

「『STORY』のファッションページだけ読んでいる」

「『dancyu』とか男性の雑誌をよく読む」

「『AERA』とか『NEWSWEEK』とかを読んでいて、日本の女性誌は読まない」

などなど、いろいろな雑誌(時には男性誌)のつまみ読みなのです。

「独身女子」ターゲットの女性誌が存在しない理由は、様々考えられますが、理由はメディア側にもターゲット側にも存在します。

メディア側の理由→アラフォーで独身でいる女性をポジティブに肯定できない。
女性側の理由　→アラフォーで独身でいる自分をポジティブに肯定できない。

自分たちを肯定してくれるメディアを持たない「アラフォー独身女性」たちは、「なんとなくの居心地の悪さ」と「宙ぶらりんな感じ」を持ちながら日々暮らしているわけです。

彼女たちの存在をポジティブに転換してあげる雑誌が生まれれば、そこには新しいライ

平成22年度国勢調査に見る、35歳〜45歳女性の独身率

	総数	有配偶	未婚	死別	離別	不詳	独身総数	独身率
35歳	928180	616575	240577	2296	53076	15656	295949	32%
36歳	978648	662891	234723	3006	61050	16978	298779	31%
37歳	997629	687373	224067	3388	66334	16467	293789	29%
38歳	977208	680877	206733	3979	69657	15962	280369	29%
39歳	954562	670211	191368	4569	72366	16048	268303	28%
40歳	927939	657301	175304	5245	74066	16023	254615	27%
41歳	916907	655559	163584	6199	75789	15776	245572	27%
42歳	898523	647750	152124	7149	76174	15326	235447	26%
43歳	895344	652235	142560	7889	78201	14459	228650	26%
44歳	702777	511506	107684	7391	64190	12006	179265	26%
45歳	868952	642293	122333	10390	79721	14215	212444	24%

フスタイルと消費が発生するに違いありません。

そこには実際にどのくらいのマーケットが存在するのか、見てみましょう。

独身率は（未婚＋離別＋死別）を加算し、総数で除した率です。

35〜39歳の独身率は約30パーセント。
40〜45歳の独身率は約26パーセント。

なんとアラフォー女性の3人に1人から4人に1人が独身であるとの結果です。

都市部においては、その確率はもっと高くなるはずです。

未婚率の推移から見る未婚女性の結婚率

	平成17年度	5年後の年齢	平成22年度	結婚率Ⓐ※1	結婚率Ⓑ※2
25〜29歳	59.9%	30 〜 34歳	33.3%	26.6%	44.4%
30〜34歳	32.6%	35 〜 39歳	22.4%	10.2%	31.3%
35〜39歳	18.6%	40 〜 44歳	16.6%	2.0%	10.8%
40〜44歳	12.2%	45 〜 49歳	11.7%	0.5%	4.1%
45〜49歳	7.9%	50 〜 54歳	7.8%	0.1%	1.3%

※1　既婚者も含む全体数内における5年間で結婚した率
※2　未婚者の内、5年間で結婚した率

また未婚率は調査の度に上昇を続け、平成22年度の調査では、過去最高を更新しています。

次に未婚女性（まだ一度も結婚したことがない女性）の将来の結婚確率について見てみましょう。これも5年ごとの国勢調査のデータから未婚率の推移を見ると推計できます。

40歳〜44歳の女性が、5年後に結婚した確率は4・1％。
45歳〜49歳の女性が、5年後に結婚した確率は1・3％。
40歳以上の女性にとって結婚は、ほんの数％という衝撃的な確率です。

その一方で、「いずれ結婚するつもり」と答えた独身女性は約90％。

願望と現実とのギャップが大きすぎて、言葉を失ってしまいます。

つまりアラフォーの未婚女性が結婚する確率は、統計上はゼロに近いということです。


ここに「理想と現実のギャップ理論」をあてはめて考えてみます。

理想……結婚すること
現実……ゼロに近い確率

でもここであきらめてはいけません。

私のできることは、「理想」を「憧れ and 遠くない」身近なものに変えるという作業と、現実の見直しです。つまり、「結婚すること」を最終的な目的としながらも、もう少し実現可能性の高い「理想」を提示してあげること。そして果たして本当に数パーセントの確率なのかと、統計を疑ってみることです。

その詳細についてはまだ明らかにできませんが、きっと今までにないコンテクストからまったく新しい女性誌が誕生するでしょう。

その先には新しいマーケットが生まれ、彼女たちが社会を変えるようなムーブメントを巻き起こしていくはずです。

※　※　※

ターゲットが抱える「言語化できない欲望」を推察して、「絞り込む＋巻き込む＋揺り動かす」欲望のマーケティングは、単純に新しいマーケットを生み出すことで終わりではありません。消費を生み出すだけで満足してはいけないのです。

せっかく見つけた「ブルーオーシャン」ですから、あなたの力で魚影を活性化させましょう。活性化するための方法は、長持ちするための「クスリ」を入れることです。

そのクスリとは「魚たち」の生態環境を住みやすくするものです。

濁った水をキレイにして酸素もいっぱい含ませて、海藻も揺らめかせれば、かわいい小魚たちも戻ってきます。

そうすれば「魚たち」はいきいきと銀鱗をきらめかせるはずなのです。

このクスリに関してはあまり詳しく語りませんでした。

なぜなら「魚たち」を「獲物（ターゲット）」などと考えている限り、これは決して生み出せないものだからです。

なんだか今まで語ってきたことをひっくり返すようなことを語ってしまいました。

でも、そうなんです。私はこの本を書きながら「マーケット」「ターゲット」などど書く度に、どこかでそれを否定している自分も認識していました。

「マーケット」とか「ターゲット」などと、客観視したり分析したりしている限りは、見えてこないものがあるのです。

自分から海に入って魚の環境を「自分ごと化」して初めて、「魚の気持ち」がわかります。

「魚の気持ち」がわかれば、「魚たち」に何が本当に必要かわかるはずなのです。

そこまでやってみて初めて見えてくる「魚たちの欲望の本質」を知るべきなのです。

そうして初めて「欲望のマーケティング」は起動します。


生態環境を変えるというのは、この社会を変えるということです。

社会を変えられれば、あなたの仕事はそのまま社会貢献になります。

私が次の仕事で目指していることも実は同じです。

でも大きな声では言いません、恥ずかしいから。

しょせん私たちはビジネスという、人の財布の底を覗くようなことをやっているのですから。


でも、こういう言い方はできるかもしれません。

単なる消費で終わらない、「幸せの物語」を語り継いでいきたい。

そこには「幸せ」というｇｉｆｔの連鎖が起こって欲しいのです。

私には「幸せの連鎖」の先に起こることが楽しみで仕方ありません。

雑誌編集という現場から体得した経験則のわかりにくさに、最後までお付き合いいただき、本当にありがとうございました。

石塚理恵子さんという優秀な編集者のおかげで、この本は世に出ることができました。

この場を借りて御礼申し上げます。

ディスカヴァー携書 086

「欲望」のマーケティング

発行日　2012年10月15日　第1刷

Author　山本由樹

Book Designer　石間　淳
Illustrator　平松昭子

Publication　株式会社ディスカヴァー・トゥエンティワン
〒102-0093　東京都千代田区平河町2-16-1 平河町森タワー11F
TEL　03-3237-8321（代表）
FAX　03-3237-8323
http://www.d21.co.jp

Publisher　干場弓子
Editor　石塚理恵子

Marketing Group
Staff　小田孝文　中澤泰宏　片平美恵子　井筒浩　千葉潤子　飯田智樹　佐藤昌幸　谷口奈緒美　山中麻吏　古矢薫　鈴木万里絵　伊藤利文　米山健一　原大士　郭迪　蛯原昇　中山大祐　林拓馬　本田千春
Assistant Staff　俵敬子　町田加奈子　丸山香織　小林里美　井澤徳子　橋詰悠子　古後利佳　藤井多穂子　藤井かおり　福岡理恵　葛目美枝子　田口麻弓　佐竹祐哉　松石悠　小泉和日

Operation Group
Staff　吉澤道子　松尾幸政　福永友紀
Assistant Staff　竹内恵子　熊谷芳美　清水有基栄　小松里絵　川井栄子　伊藤由美

Productive Group
Staff　藤田浩芳　千葉正幸　原典宏　林秀樹　三谷祐一　石橋和佳　大山聡子　徳瑠里香　堀部直人　井上慎平　田中亜紀　大竹朝子　堂山優子　山﨑あゆみ　伍佳妮　リーナ・バールカート

Digital Communication Group
Staff　小関勝則　中村郁子　西川なつか　松原史与志

Proofreader　株式会社 文字工房燦光
DTP　アーティザンカンパニー
Printing　凸版印刷株式会社

ISBN978-4-7993-1231-5

携書ロゴ：長坂勇司
携書フォーマット：石間　淳